L'ALLEMAGNE RENAÎT

Maréchal Göring

L'ALLEMAGNE RENAÎT

Traduit par I. Geneviève A*LBERTOLLI*
Augmenté de six illustrations

PREMIÈRE ÉDITION

FERNAND SORLOT

7, Rue Servandoni, 7

PARIS (VIe)

IMPRIMERIE SPÉCIALE DE L'ÉDITION

Villiers-Le-Bel (S.-et-O.)

1939

Tous droits réservés. Copyright by S&B
dont traduction © 2020

ÉDITION ORIGINALE NON CENSURÉE

Exegi monumentum ære perennius
Un Serviteur Inutile, parmi les autres

scan, ORC, mise en page, illustrations
20 Octobre 2020
BAGLIS

Pour la Librairie Excommuniée Numérique des CUrieux de Lire les USuels

NOTE DE L'ÉDITEUR

Poursuivant la mission que nous nous sommes imposée de faire connaître à l'opinion française la pensée intégrale des maîtres de l'Allemagne Nouvelle, nous publions aujourd'hui « L'Allemagne renaît. »

Dans ce livre — la première œuvre du Maréchal Göring traduite en Français — l'auteur a décrit l'effondrement de l'Allemagne, le chaos de la République de Weimar, et les efforts du Chancelier Hitler et des siens pour rétablir le Reich dans sa puissance.

La plupart des études parues en France sur le National Socialisme et le IIIe Reich sont entachées d'idées préconçues et de préjugés politiques, aussi nous a-t-il semblé qu'il était de toute nécessité de remonter aux sources racines. Pour juger — et même le cas échéant, pour condamner — n'est-il pas indispensable de connaître les documents de première main ?

L'œuvre du Maréchal Göring, ainsi que celles que nous publierons par la suite des dirigeants de l'Allemagne moderne, est un exposé officiel du point de vue hitlérien. La forte personnalité du Maréchal Göring se révèle dans ces pages que les Français doivent lire avec autant d'intérêt et une attention aussi éveillée que « Mein Kampf. » Göring est le chef d'une tendance ; il a souvent l'oreille du Führer : l'opinion française doit le connaître pour éviter toute surprise.

F. SORLOT.

Hermann Wilhelm Göring (maréchal.)

L'HÉRITAGE DE L'ALLEMAGNE

L'incompréhension de bien des peuples étrangers vis-à-vis de l'Allemagne, leur vient surtout de ce qu'ils ignorent le caractère particulier de notre histoire.

L'histoire de l'humanité, c'est l'histoire de la guerre. L'histoire du peuple allemand, c'est aussi l'histoire de guerres cruelles ; une chaîne de fer tendue de la bataille d'Arioviste à la résistance passive de la Ruhr. Depuis que l'Allemagne et le peuple allemand sont devenus un concept historique, nous constatons que l'union ne se base que sur la communauté de culture, de langue et de sang. C'est déjà pour cette raison que le peuple allemand, dans son ensemble, n'a jamais mené de grandes guerres de conquête et qu'en général il soutenait au contraire des guerres entre États intérieurs pour le plus grand profit d'autres peuples. Les Allemands durant des siècles furent forcés de défendre leur propre foyer, leurs propres sillons, l'espace nécessaire à la vie de la race et finalement à celle du peuple.

L'Allemagne ne possède pas de frontières naturelles. Elle n'a jamais été une forteresse dont mers et montagnes forment les remparts. Camp ouvert au cœur de l'Europe, elle n'est protégée que par le corps de ses hommes. Telle est la raison pour laquelle les Allemands n'ont jamais combattu que pour Leur propre honneur et non point pour des couronnes étrangères, pour leur propre liberté et non point pour des pays étrangers, pour garantir leur propre sécurité et non point pour soumettre d'autres peuples.

Le chemin difficile que s'est frayé le peuple allemand à travers son histoire a commencé en 843 avec le partage de l'Empire germanique par le traité de Verdun. Il s'est poursuivi jusqu'en 1919 au « *diktat* » de Versailles, en passant par le « *testament de Richelieu* » et la paix de Westphalie qui devait « éterniser » les « libertés germaniques. » Ces « libertés germaniques » ne signifiaient ni plus ni moins que le perpétuel morcellement de l'Empire en de nombreux royaumes et principautés. Ceux-ci, selon la devise de Louis XI « *Divide et impera* », étant poussés les uns contre les autres comme les pions d'un jeu, par les nations voisines.

Il en fut ainsi jusqu'à ce que la Prusse accomplit sa grande mission dans l'histoire universelle : l'unification de l'empire allemand. Ce fut une formidable tâche pour ce génie incomparable, Frédéric II, que ses ennemis eux-mêmes appellent « le Grand. » Il était à la fois « le plus royal des hommes et le plus humain des rois. » Au cours de sa vie austère et sans exemple, il fit de la petite Prusse les bases du futur Empire. Quand, solitaire, il rendit le dernier soupir entre les bras de son hussard, sur le simple lit de camp qui avait connu tant de bivouacs, ses dernières paroles furent comme un testament pour son successeur : « *Je vois au loin la Terre Promise, mais je ne la foulerai pas.* »

Après Frédéric le Grand vint le Reichsfreiherr vom Stein qui lutta passionnément pour atteindre son grand but : « *Je ne connais qu'une patrie qui s'appelle l'Allemagne.* » Mais au terme d'une vie vaillante de travail, de combats et de défaites, victime de la calomnie et de la trahison, il n'obtint lui aussi qu'une victoire partielle. Toutefois il pressentait également l'unification future dont il ne devait pas voir la réalisation.

Après lui, Bismarck, qui naquit dans la province du Brandebourg, poursuivit et acheva presque, dans un effort inouï, l'œuvre gigantesque de Frédéric et de Stein. Mais Bismarck à ses derniers instants, comme si la mort lui arrachait un voile des yeux, soupira ces paroles suprêmes : « *Allemagne, Allemagne...* »

À Versailles, sous les drapeaux, dans la galerie des Glaces qui fut le berceau de l'empire de Bismarck, se trouvait le lieutenant von Hindenburg. Il avait combattu à Königgrätz et en France. Dans la plus grande de toutes les guerres, son maître impérial l'appela à la tête de la puissante armée qui durant quatre ans lutta contre le monde hostile.

Quelque part dans l'immense rempart de soldats allemands, un homme luttait et saignait. Inconnu comme tant d'autres, brave comme tant d'autres, il était destiné à inscrire son nom dans le livre éternel de l'histoire comme sauveur du peuple allemand, c'est lui qui devait consommer sa solidarité et son unité. Cet homme était Adolf Hitler.

L'Allemagne est née des trois grandes guerres du dernier siècle gagnées par la Prusse. Le sang allemand s'est uni au sang allemand sur les champs de bataille de Leipzig et de Waterloo, de Königgrätz et de Sedan. Le vieux rêve allemand de l'Empire germanique s'est accompli sous les canons de Paris et dans le château de Louis XIV. C'est une ascension sans égale qui commença par le regroupement de toutes les forces nationales. Une paix de près de cinquante ans, sous la protection de la force armée et d'une bonne flotte, permit au jeune Empire d'organiser brillamment son économie et de provoquer sa prospérité.

Si la population de l'Allemagne n'était en 1871 que de 41 millions d'hommes, elle atteignait en 1914 près de 70 millions. Une multitude infatigable se pressait et travaillait dans les champs, les usines, les laboratoires et les mines, derrière les comptoirs ou les bureaux, dans les ports et sur les quais de toutes les parties du monde. Ce succès mondial est connu et quelques chiffres suffisent à le démontrer.

L'Allemagne figurait en tête sur le marché mondial par sa technique de l'électricité, son industrie du verre et des jouets, ses mines de charbon et de fer. À elle seule l'industrie chimique allemande répondait aux 4/5 des besoins mondiaux. Depuis le début du siècle, le trafic allemand avec les ports transatlantiques avait quintuplé. C'est ainsi que dans une émulation paisible, grâce à son application, son habileté, son organisation, l'Allemagne était devenue un facteur puissant dans la vie économique mondiale. Cette position acquise par un travail paisible conduisit, en définitive, au plus terrible des conflits, à la guerre mondiale. L'encerclement de l'Allemagne fut bientôt accompli, les peuples européens sombraient dans une mer de sang et de misère, le monde entier dans une catastrophe aux incalculables conséquences.

Le 28 juin 1914 à Sarajevo, un jeune étudiant de 19 ans tuait le dauphin autrichien. Ce coup de revolver déclencha subitement, impitoyablement, l'orage qui depuis plusieurs années pesait sur l'Europe. Le premier roulement de tonnerre amena les trains interminables qui portaient à la frontière allemande les corps d'armée russes mobilisés. Cette gigantesque machine de guerre commença sa marche mortelle. L'Europe mobilise ! Les dés sont jetés ! L'Allemagne menacée de toutes parts est poussée à prendre l'épée en main.

Le peuple allemand innocent, car il n'était pour rien dans l'éclatement de cette guerre, doit se dresser pour défendre sa vie et son honneur.

LA GUERRE

Le bien le plus précieux que puisse posséder un peuple, son honneur et sa liberté, était donc menacé. Pour n'être pas elle-même écrasée et anéantie, l'année allemande dut traverser la Belgique. Ce n'était de sa part que légitime défense dans la plus haute conception du terme.

À vrai dire, les peuples des différentes nations se sentaient innocents, aussi bien l'allemand que l'anglais, le russe ou le français. Ils obéissaient à leur gouvernement et accomplissaient leur devoir. De l'empereur au paysan, du maréchal au plus humble soldat, le peuple allemand avait le sentiment sacré de son innocence, était animé de cette conviction inébranlable que sa cause était juste. Le soldat allemand lutta héroïquement, chevaleresquement durant quatre longues années. L'armée et le peuple souffrirent profondément de la terrible propagande de l'adversaire sur les prétendues atrocités.

Il se peut que l'adversaire se crut obligé d'employer de tels moyens pour priver l'Allemagne de la sympathie mondiale.

Il se peut qu'on crut avoir besoin de ces faux témoignages, de ces photographies truquées.

L'Allemagne savait qu'il n'y avait là que calomnie pure.

Certes, une guerre est dure. Auprès de la destinée des peuples entiers, celle de l'individu est insignifiante, mais il n'a jamais été dans la nature allemande de tourmenter ou de discréditer l'ennemi. L'amour de la cruauté n'a jamais été dans le caractère germanique. Des mains, des bras et des jambes manquaient à de nombreux enfants français et belges. Les photographies prétendaient que ces membres leur avaient été coupés par les Allemands. Mais ces enfants peuvent rapporter aujourd'hui que ces mutilations leur avaient été causées par les bombardements de l'artillerie et l'aviation de leurs compatriotes, ce qui est inévitable dans une guerre. Je fus moi-même sur le front de l'Ouest du premier au dernier jour, et je peux déclarer sur mon honneur que, dans la mesure du possible, le soldat allemand s'efforçait toujours de rendre le sort supportable à la population civile ennemie si lourdement éprouvée.

Jamais dans l'histoire du monde : son peuple n'eut à soutenir une lutte d'une telle envergure comme le fit le peuple allemand au cours de ces années. Aucune épopée ne saurait décrire l'héroïsme, la patiente endurance, la religion du devoir qui se montrèrent sur tous les fronts. L'armée allemande résista quatre ans à un monde d'ennemis, dont la supériorité numérique et matérielle était considérable, et protégea la patrie de l'envahissement. Durant quatre ans aussi, le peuple allemand souffrit profondément. On l'assiégeait : il se fit forteresse. Tout homme capable de porter une arme, adolescent ou vieillard, se mêla à la lutte sanglante. À l'intérieur du pays, la femme allemande prouva sa grandeur et sa noblesse par sa patience, son endurance et son abnégation. Malgré tous les efforts de l'adversaire, l'Allemagne semblait invincible. La fin amère survint malgré tout, c'était une terrible défaite.

Après de longues années où coula le sang des meilleurs, après des années de famine et de privation, un parti de traîtres à la patrie était parvenu à jeter la confusion au sein du peuple jusque dans les foyers, et à empoisonner son âme. Des agitateurs socialistes, excitaient le peuple, soutenus par la propagande ennemie, corrompus par l'argent ennemi

L'Allemagne saignait par mille blessures. Elle était fatiguée, exténuée et affamée. Héroïquement, elle avait supporté la lutte sur le front, mais elle se trouvait trop affaiblie pour repousser l'ennemi intérieur.

Le slogan « *Pour la liberté des classes, pour la liberté des hommes* » poussait le peuple à la révolte contre ses chefs. Les chefs socialistes organisèrent des grèves dans la fabrication des munitions et lancèrent des proclamations à la trahison et à la désertion. C'est ainsi que fut tranchée la destinée de l'armée qui combattait encore héroïquement. Cette armée, la plus Drave de toutes, reçut perfidement le coup qui lui brisait les reins. Ce que l'ennemi n'avait pu faire en de nombreuses batailles, il t'avait obtenu par son alliance avec les socialistes allemands. Mais les troupes invaincues rapportèrent malgré tout dans leur patrie leur honneur intact et leurs drapeaux victorieux.

La plus grande guerre des peuples était terminée.

L'Allemagne avait perdu la guerre et sa liberté, mais ses adversaires n'étaient vainqueurs qu'en apparence. L'Occident était menacé de sombrer et l'Europe de disparaître dans le chaos.

LA RÉBELLION

Le peuple allemand commença son calvaire avec la fin désastreuse de la guerre. La guerre souterraine contre les forces de l'Empire, la destruction de la prospérité et de la paix du peuple commença quand se fut répandue en Allemagne la pernicieuse doctrine du juif Karl Marx. La base du marxisme est la lutte des classes et son point de départ la destruction de l'unité nationale. Le camarade du peuple est poussé contre le camarade du peuple ; on ne voit plus l'ennemi qui menace la nation sur la frontière mais uniquement, à l'intérieur, les camarades du peuple d'une autre classe sociale. Pour que progressât le marxisme il fallait nécessairement que l'Allemagne forte et satisfaite devînt faible et mécontente. Durant des décades, on travailla systématiquement pour atteindre ce but.

On prêcha partout la haine, l'envie, la jalousie, le mécontentement et la suspicion ; on mina partout la stabilité de l'Empire.

L'Armée et la Marine symbolisaient depuis toujours la force d'un peuple. Aussi la haine passionnée du marxisme s'abattit-elle sur elles ; partout où il le pouvait, le parti socialiste nuisait au prestige de l'armée, refusait de voter le budget, minait la discipline. Ce parti durant des décades, se déchaîna contre l'autorité dans tous les domaines, affaiblit par tous les moyens l'ordre existant dans l'État, pour renverser enfin l'État lui-même, d'un dernier coup de poignard. Il était indifférent au parti que l'Allemagne elle-même se trouvât vouée à l'anéantissement par la défaite.

C'est ainsi que le 9 novembre 1918 s'éleva la rébellion ignoble des mutins et que commença le règne du marxisme. Le même jour s'ouvrit pour le malheureux peuple allemand une époque historique qu'on pourrait définir *«le temps de la honte et de la misère allemandes.* » Scheidemann, un chef notoire des socialistes, proclamait sur les marches du Reichstag : « *Aujourd'hui, le peuple allemand est victorieux sur toute la ligne.* » Et le peuple allemand à dater de cet instant, tomba des fières hauteurs dans l'abîme. Aussi bien n'était-ce pas le peuple allemand qui se trouvait « victorieux » en ce jour, car ses meilleurs éléments, sur tous les fronts, restaient toujours prêts à sacrifier à la mère patrie jusqu'à la dernière goutte de leur sang. Seuls étaient vainqueurs ces traîtres pour qui n'existe pas la notion de la Patrie. Étaient vainqueurs ceux qui, lâchement avaient déserté le front, victorieuse cette lie qui n'existe qu'aux époques de détresse. Seul le marxisme était vainqueur. Mais où le marxisme est vainqueur apparaît, au même instant l'anéantissement de la nation.

Où le communisme dresse la tête, le peuple, en définitive, est anéanti.

Les soldats sans chefs rentrant du front, arrachés à leur profession civile, déshabitué de leurs foyers, profondément déçus et même désespérés, furent une proie facile pour l'agitation marxiste. Le socialisme grandissant devint puissant. Il prit la direction dans tous les domaines. Il se trouvait maintenant responsable de la destinée de l'Allemagne. Une haine inouïe fut prêchée contre tout ce qui n'était pas conforme aux doctrines marxistes.

Le passé, si brillant, fut piétiné dans la boue ; ce qui, hier encore, était sacré pour le peuple fut couvert de ridicule et de raillerie. La moralité fut bannie et l'immoralité fut déclarée morale. On était déchaîné contre l'idée de patrie et les partis nationaux se trouvaient anéantis. La puissance qui réside dans l'unité nationale d'un peuple devait faire face à la solidarité internationale. Le prolétaire conscient de sa classe devait remplacer l'Allemand patriote.

L'Allemagne se déchira en deux camps ; il y avait d'un côté le prolétariat, de l'autre la bourgeoisie. Le crime de la lutte des classes devait avoir un châtiment terrible qui allait retomber plus tard sur tout le peuple.

Mais quand on accuse le socialisme de ce crime de haute trahison envers le peuple, il ne faut pas sous-estimer ni oublier celle de la classe moyenne qui le rendait possible en manquant à son devoir. Avant la guerre, la classe moyenne était déjà dégénérée : elle s'était embourgeoisée. La faillite complète de ses chefs, l'incompréhension totale des couches bourgeoises à l'égard de l'ouvrier allemand, la suffisance, l'esprit de caste qui les séparaient, prédisposaient l'ouvrier sans guide à se laisser prendre aux séductions des sirènes du marxisme, à se rendre esclave des agitateurs, *« généralement étrangers de race »*, qui devenaient partout les représentants de sa classe. Quand on jette un regard sur l'époque d'avant-guerre, on a l'étonnement de constater combien la direction de la nation se trouvait faible alors et avec quelle apathie elle laissa duper son peuple.

Mais on ne peut constater sans étonnement combien le pourcentage des Juifs dans l'administration et parmi les agitateurs socialistes se trouvait élevé. Et maintenant, en ces jours de rébellion, les chefs juifs sortaient de terre comme des champignons vénéneux.

Les Juifs devenaient les chefs des conseils de soldats où il s'en formait, et c'étaient ces mêmes Juifs qu'on n'avait jamais vus sur le front parce qu'ils s'étaient embusqués dans les arsenaux de l'État ou dans les positions indispensables à l'intérieur du pays, auprès des autorités militaires.

La lie de la population tenait la rue.

On arrachait aux soldats leurs cocardes et leurs épaulettes, on piétinait dans la boue le drapeau qui symbolisa la grandeur du Reich durant des décades. Le torchon rouge de la rébellion flottait à chaque immeuble, la discorde et la dissolution régnaient partout. Par le désordre dans le port de l'uniforme, on démontrait sciemment que chacun pouvait faire ce que bon lui semblait, et par là même qu'il n'y avait plus ni État, ni ordre, ni autorité, que la conception morale de la liberté avait été remplacée par l'immorale impudeur. Sans discipline, les soldats descendaient lentement au niveau de la populace. Chaque heure, chaque jour, la dissolution progressait, le radical était remplacé par un radical plus extrême, et les nouveaux maîtres qui s'étaient mis à la tête du peuple en de pompeuses proclamations paraissaient graduellement entraînés dans le tourbillon destructeur. Ils ne pouvaient plus se défaire de ceux qu'ils avaient appelés. Les socialistes indépendants prirent la première place. Ils furent également dépassés et remplacés par les spartakistes. Il n'y avait qu'un seul remède dans ce chaos auquel les nouveaux maîtres n'avaient rien à opposer.

On s'adressa au reste affaibli de l'ancienne armée si fière.

Quelques milliers d'hommes, dans la désagrégation générale, étaient décidés à ne rien abandonner lâchement. Ils s'étaient groupés pour s'opposer à la ruine générale, pour défendre la Patrie et l'Honneur : c'étaient les Corps-Francs. C'est à eux que fit appel le nouveau gouvernement. Il sut habilement les leurrer par de fausses promesses. Ils y crurent et entreprirent de sauver la patrie. Mais il ne s'agissait pour ce gouvernement que de sauver sa puissance personnelle et de maintenir sa propre sécurité. Le soldat Corps-Franc, étranger à la politique, ne comprenait pas les motifs véritables ; il était accoutumé à intervenir où la patrie était menacée. Ici encore, il fit son devoir en toute abnégation, il engagea sa vie et se jeta dans la lutte contre les derniers spartakistes. Mais à peine était-il vainqueur, à peine avait-il maîtrisé le danger, que le gouvernement, qui se sentait de nouveau bien en selle, qui montra son véritable visage. Afin de leur prouver sa reconnaissance, il chassa les Corps-Francs, les dispersa et les jeta sur le pavé.

Cependant, à la face du monde, le socialisme allemand se proclama le gardien de l'ordre et le conservateur de l'Empire allemand. On entend encore fréquemment aujourd'hui cette réplique que par son acte courageux le socialisme aurait tout au moins en 1918 et 1919 sauvé l'Empire.

Ebert Scheidemann et Noske auraient préservé le peuple allemand du démembrement.

C'est une fausse interprétation des faits et de la responsabilité à laquelle par bien d'autres faits nous a habitué le socialisme. Les délégués du peuple avaient déclaré par de retentissantes proclamations que l'âge de la liberté était réalisé, que l'ouvrier était désormais le maître du pays, que de gros salaires lui étaient assurés pour peu de travail, que l'ère de la paix éternelle et de la prospérité générale était arrivée et que les autres peuples accueilleraient avec joie l'Allemagne libérée du militarisme et de la tyrannie monarchique. La misère et la pauvreté cesseraient, la corruption serait abolie. Nous étions enfin à la veille de l'âge d'or. Mais on oubliait que jusqu'à cette fameuse proclamation, le peuple allemand ignorait totalement le sens du mot « corruption », il appartenait aux socialistes d'introduire cette corruption comme caractéristique de sa domination. Et la proclamation s'achevait par des phrases selon lesquelles l'Allemagne entrait désormais dans le véritable règne de la liberté, de la beauté et de l'honneur.

Rien, rien de tout cela ne fut tenu.

On peut aujourd'hui prouver que ce qui fut exécuté est précisément l'opposé de ces promesses.

VERSAILLES

Le rêve et l'espoir d'une paix éternelle, du bonheur futur et de la prospérité de tous les peuples s'évanouit brusquement. Parmi toute la joyeuse musique d'avenir, au milieu de toute la rêverie sur l'humanité retentit subitement le son tranchant et discordant du clairon de Versailles. L'Allemagne sortit pour la première fois de l'intoxication des querelles civiles. On reconnut dans un éclair que l'Allemagne, une fois de plus, était trompée. Elle avait déposé les armes, confiante en la parole de Wilson et en ses quatorze points. Elle s'était abandonnée avec confiance aux assurances d'un bonheur universel et d'une solidarité internationale. Désarmée, elle se voyait devant un monde de nations hérissées d'armes et animées par la haine.

Le mot de Versailles était « *Germaniam esse delendam.* » Le traité de Versailles était, dans ses termes, plus infernal que ce que Dante aurait pu imaginer. Jamais on n'avait posé d'exigences plus cruelles dans l'histoire du monde. La destruction de Carthage elle-même n'était rien auprès de la honteuse paix de Versailles. Le mot Paix semblait déshonoré et banni à jamais. Un peuple brave, paisible et travailleur, qui aimait l'honneur et la liberté, fut maintenu captif dans la prison de Versailles. La soif de vengeance était maintenant assouvie par la destruction d'un adversaire, redouté jadis autant qu'il était respecté. Les ennemis de l'Allemagne aveuglés par la haine, ne reconnurent pas que leur prétendue œuvre de paix mènerait le monde entier vers la catastrophe, et non point seulement l'Allemagne.

Cependant, l'ange de paix marxiste tentait de continuer malgré tout à duper le peuple avec la solidarité internationale. C'est la guerre perdue qui pour le peuple allemand était rendue responsable du Diktat de Versailles. On oubliait que c'était d'abord le socialisme qui avait créé la possibilité de la défaite par sa trahison. Il était trop tard quand le peuple allemand reconnut qu'il avait abandonné son honneur au cours des derniers mois, et qu'avec l'honneur on lui enlevait aussi la liberté.

Quand le poids de la honte devint insupportable, quand on exigea l'extradition de ses généraux, l'Allemagne une fois encore se redressa comme un seul homme.

Quel Anglais, quel Français n'aurait pas rougi de honte si on avait exigé de son peuple une telle condition ?

Mais nous, Allemands, nous savons aujourd'hui que jamais nos ennemis n'auraient eu d'exigences aussi humiliantes s'ils n'avaient eu devant eux une Allemagne déchue. Ce n'est que parce qu'ils voyaient les chefs du mouvement détruire eux-mêmes toute idée d'honneur et de fierté nationale qu'ils pouvaient se permettre d'infliger à l'Allemagne ; de semblables humiliations.

WEIMAR

L'Assemblée nationale marxiste démocrate de Weimar n'eut pas honte de prendre le traité de Versailles pour base de la nouvelle constitution allemande. L'État de Weimar, né de la trahison, issu de la lâcheté, utilisa la misère et la honte comme piliers de fondation de son système. Les bénédictions de cette démocratie échurent en partage à la nouvelle Allemagne dans leur pleine mesure, sous la forme d'un parlementarisme incontrôlable. Un retournement complet de toutes les conceptions se produisit. Le signe du parlementarisme est l'opposé du principe de direction.

L'autorité s'y exerce de bas en haut et la responsabilité de haut en bas, c'est-à-dire que d'innombrables partis imposent leur autorité au gouvernement et que le gouvernement leur doit obéissance. Par là, le gouvernement est responsable devant les partis de sorte qu'il devient le jouet de leurs intérêts, alors que la loi naturelle exige que l'autorité s'exerce de haut en bas et la responsabilité de bas en haut. Chaque chef possède l'autorité et ordonne à ses subalternes dans ses différents services. Mais il demeure responsable devant son chef comme le chef suprême l'est devant son peuple entier et devant l'avenir de ce peuple.

Aucun État ne put naître, aucun peuple ne put s'inscrire dans l'histoire que par la vertu de ce principe.

Mais ce qui régnait en Allemagne était maintenant le parlement, la conception anonyme de la majorité, enfin toute la lâcheté du monde.

Des groupes innombrables pouvaient s'enrichir sur le dos du peuple, au milieu de la division des classes et des partis. Le marxisme célébrait ses plus hauts triomphes. On avait chassé les princes, et les maîtres du gouvernement rouge s'étaient eux-mêmes installés sur les trônes laissés vacants. Mais ils n'étaient pas devenus des souverains pour cela. Le Veau d'Or trônait au-dessus d'eux tous et les partis menaient autour de lui leur danse grotesque. Nous voyions une effrayante décadence dans tous les domaines : d'année en année la désagrégation de la nation se poursuit, le Reich n'est plus qu'une ombre, une carcasse sans unité, vide, et brisée en de nombreux endroits. La corruption des mœurs et l'immoralité sont les signes extérieurs de la « fière » république. Avec la décadence de la culture commence la décomposition spirituelle.

À tout cela vient s'ajouter la terrible inflation.

Quand, dans une réelle rage de destruction marxiste, on cherchait à anéantir tous les biens culturels, tout idéal et toute vertu morale, il était parfaitement logique de diriger aussi cette destruction contre l'économie, nœud vital de la nation. Le marxisme ne peut fleurir et se développer qu'où se trouvent des hommes mécontents, sans foyer, déracinés, susceptibles d'accepter toutes les hérésies. On chercha à créer un prolétariat dans chaque classe de la population. Il fallait abaisser l'Allemand au rang de prolétaire intellectuel et manuel. C'est ainsi que l'inflation acheva de détruire ce qui restait d'une prospérité issue d'héritages familiaux. Des milliers tombèrent dans une misère noire. Les dernières valeurs matérielles furent anéanties par l'inflation et par un système d'impôts purement bolchévick.

Qu'on se rappelle un peu cet infernal sabbat de millions et de milliards !

Était-ce là le programme économique du marxisme ? Était-ce là la socialisation complète ? Modestement, ils appelèrent plus tard l'inflation un phénomène naturel, oubliant qu'elle n'était que le résultat de leurs doctrines véritablement criminelles. On pouvait voir clairement ici, encore une fois, combien le marxisme, en fin de compte, est lié au libéralisme. Comment la bourgeoisie pouvait-elle s'étonner que la partie la plus pauvre du peuple transposât sur le terrain économique les idées de liberté, d'égalité, de fraternité prêchées sous le signe du libéralisme ? On put bien vite constater qu'entre socialisme et partis bourgeois les frontières disparaissent de plus en plus. Les dirigeants socialistes devenaient de plus en plus des petits bourgeois repus. Ils cherchaient maintenant à défendre et à conserver leur conquête pour satisfaire leurs désirs personnels. Leur mot de passe n'était plus « sur les barricades. » Ils devinrent soudain partisans de l'ordre et de la tranquillité. De l'autre côté, les partis des classes moyennes contribuaient à la décadence générale par leur manque de caractère.

Aujourd'hui, quand nous accusons le socialisme d'avoir trompé et volé l'Allemagne, sans distinguer s'il se montrait sous le bonnet rouge des Jacobins ou plus tard sous le chapeau haut de forme ; nous ne voulons pas oublier que partout où le marxisme a volé et trompé, les partis des classes moyennes avec à leur tête le Centre catholique éternellement hésitant, y ont participé pour une large part. Au cours de la grande entreprise de pillage du peuple allemand et par-delà toutes les divergences philosophiques, le frère noir n'a jamais laissé tomber le frère rouge. Les partis régnaient par l'entremise du parlement, sans mesure et sans contrôle. D'étape de souffrances en étape de souffrances le peuple souffrant et peinant portait son lourd fardeau.

Le prestige de l'Allemagne au dehors tombait aussi toujours plus bas, parallèlement à cette dissolution intérieure. Il était logique qu'après avoir bafoué l'idée de Patrie, après avoir traîné dans la boue toutes les vertus humaines, le gouvernement allemand fût condamné à une impuissance complète dans sa politique extérieure. L'Allemagne était devenue l'enclume de la politique internationale. Les conflits d'intérêts des autres puissances se débattaient sur son dos. La Société des Nations semblait n'être qu'un instrument pour maintenir l'Allemagne en tutelle et protéger le traité de Versailles. Conformément aux termes du traité, l'Allemagne avait désarmé. Elle était, par là même, absolument inoffensive. Les gouvernements allemands avaient surveillé et exécuté ce désarmement avec la ferveur qu'eût mérité une noble cause. Mais ils allèrent plus loin encore que ne l'exigeait le traité de Versailles ; ils désarmèrent le peuple allemand spirituellement et moralement, ils tuèrent en lui toute volonté de résistance et toute vitalité. Ils l'intoxiquèrent dans des proportions astronomiques avec leur folie de remplir intégralement les conditions imposées. Après avoir volé jusqu'à l'honneur du peuple, ils furent aussi malhonnêtes que s'ils y avaient été poussés par le désespoir, ils exercèrent une politique de tricherie. On essaya d'élucider par des appels à la solidarité internationale les plus difficiles problèmes de la politique extérieure. C'était un signe particulier de la politique parlementaire allemande que de ne résoudre aucun problème mais d'échapper à toute question vitale par un lâche compromis.

Et le communisme survint.

Il devait forcément naître de la fausse doctrine marxiste. Il devait fatalement lever la tête au cours d'une politique de lâcheté et de couardise ; il devait forcément sortir victorieux d'une politique perpétuellement hésitante entre l'imposture marxiste et la lâcheté bourgeoise.

Le communisme, qui ne comptait au début de la République que quelques milliers de membres, avait au bout de quelques années une armée de six millions d'hommes, prête à prendre le pouvoir, et prête à exploiter ce pouvoir pour anéantir la culture, la morale, l'Église et l'économie, prête à entraîner l'Allemagne dans le chaos. La misère et le désespoir qui régnaient sur le peuple allemand poussaient les hommes par milliers dans les bras du communisme.

Des millions d'hommes pleins de haine voulaient détruire parce qu'on avait tout détruit en eux-mêmes. Des chefs se tenaient prêts pour ces désespérés induits en erreur.

Ces chefs venus des bas-fonds représentaient la lie du peuple allemands. Ici aussi, les Juifs étaient plus fortement représentés que partout ailleurs. Ils flairaient leur avènement avec l'instinct destructeur des sous-hommes. Ils hissèrent leur signal de combat.

Il flottait, rouge sang, marqué de l'étoile soviétique.

Si ce symbole était vainqueur, l'Allemagne devait étouffer dans l'ivresse sanguinaire du bolchevisme.

FINIS GERMANIÆ ?

L'Allemagne semblait perdue.

Comment une faillite complète était-elle possible pour un peuple qui venait de soutenir une lutte héroïque ?

N'y avait-il personne pour réagir contre les forces destructives ?

Il devait bien se trouver quelque part des dépositaires de l'Honneur national. Il en existait encore. La résistance s'organisa dès le début. Ce qui restait d'anciens combattants se rallia, forma des sociétés et des organisations. Ils combattirent dans les Corps-Francs contre les spartakistes et en Haute Silésie. Ils entrèrent dans la Ruhr pour rejeter la première grande révolution communiste, ils libérèrent Munich de l'emprise des conseils ouvriers. Après leur dissolution par le gouvernement, se créèrent de nouvelles organisations : à Magdebourg, Seldte fonda les Casques d'acier, ligue d'anciens combattants ; en Bavière naquit la Force défensive des habitants et dans les Alpes, les Corps-Francs de l'Oberland.

Mais chaque organisation agissait isolément.

Il n'y avait entre elles aucune coordination, elles n'eurent d'abord pour but que de restaurer l'ordre et la tranquillité. Mais à la longue, il ne pouvait y avoir là de motif d'action, les chefs socialistes repus désiraient eux-mêmes, en fin de compte, l'ordre et la tranquillité. Toutes ces organisations, certes, étaient animées par un amour passionné de la patrie ; elles avaient aussi le dégoût du système régnant. Mais il leur manquait une base solide, un grand but effectif, un plan de campagne hardi. Ils étaient tous pleins des grandes traditions et prêts à les défendre, mais ils n'étaient pas les porte-drapeaux d'un avenir nouveau. Le grand mérite de n'avoir pas désespéré aux heures les plus difficiles leur revient malgré tout. Ils devinrent le point de ralliement des nationaux décidés à combattre. Il ne leur eût jamais été possible de renverser le gouvernement de novembre parce qu'il avait à sa tête des gens qui représentaient une idée. Car jamais la force ne parvient à anéantir une idée, fût-elle destructrice. Une idée ne se laisse éliminer que si elle peut se remplacer par une idée nouvelle, plus convaincante, et dont les représentants sont animés d'une énergie passionnée. Enfin, seule une idée négative peut être remplacée par une idée positive. Les idées sont éternelles. Elles se trouvent dans les étoiles. Il faut que l'homme soit assez hardi et assez fort pour décrocher le feu céleste de ces étoiles et s'en faire le porteur parmi les hommes. Ces hommes ont toujours été dans l'histoire mondiale les grands prophètes et souvent aussi les constructeurs de leurs peuples.

Mais où se trouvait en Allemagne l'homme, distingué par le génie et par l'énergie, qui pût sauver le peuple et la patrie ? C'est en vain que le peuple tournait les yeux vers les chefs qui semblaient prédestinés par l'éducation, la naissance, la richesse matérielle pour la grandeur de leur nom. Cette grandeur était passée. Ces hommes n'avaient opposé aucune résistance, ils avaient abandonné sans combat ce que leurs aïeux avaient mis des siècles à conquérir. Jamais la destinée ne pardonne aux hommes d'abandonner sans lutte ce qu'elle leur a mis en main.

« Ce que tu as hérité de tes ancêtres, il faut le reconquérir pour le posséder. »

Cette vérité éternelle n'était malheureusement pas observée par les familles princières d'Allemagne. Elles n'y étaient point préparées. Aussi ne pouvaient-elles s'étonner si les autres ne faisaient rien pour les défendre avec leurs biens ! Les maisons princières n'avaient d'autre but que le maintien d'une certaine richesse matérielle et c'est en quoi consistait le travail de leurs conseillers légaux.

C'est avec un étonnement mêlé de colère et de désespoir que le peuple, et surtout les vétérans de la guerre, voyaient la défaillance de ceux que la naissance avait fait leurs chefs.

C'est surtout en tant que monarchiste que j'ai protesté contre les allégations selon lesquelles ce serait la révolte de novembre 1918 qui aurait détruit la monarchie. L'idée de monarchie était morte dans le peuple allemand. Elle avait succombé dans les quinze dernières années parce que ses représentants avaient été leurs propres fossoyeurs. En 1918, à la moindre agitation de la populace, ils avaient rengainé leurs glorieux étendards. De même, à quelques exceptions près comme par exemple, le Prince August Wilhelm de Prusse, la famille du Landgrave de Hesse, le Prince Waldeck, le Duc de Cobourg, etc., ils manquaient dans les rangs des combattants qui luttèrent passionnément pour la renaissance allemande.

Parmi les généraux, il ne s'en trouvait pas un qui fût décidé à planter l'étendard de la résistance et à appeler les honorables combattants de la guerre à la lutte contre le système de la honte et du déshonneur. Le corps des officiers allemands s'était admirablement battu au cours de la grande guerre. L'État-Major avait fourni les preuves de son excellence et de son génie. Mais le manque de compréhension politique propre à l'officier allemand était maintenant payé d'une façon amère et fatale.

Quant à la classe moyenne, elle s'était montrée dès avant la guerre incapable de fournir des chefs. La classe possédante était tout juste prête à défendre ses intérêts personnels, mais non point ceux de la nation allemande toute entière.

ADOLF HITLER

La misère atteignait son apogée quand Dieu donna un sauveur au peuple allemand.

C'était un soldat inconnu de la grande guerre, un homme du peuple, sans nom, sans biens, sans relations, modeste, simple, et pourtant puissant par la grandeur de caractère et par le génie. Adolf Hitler sortit lui-même de la force primaire du peuple et prit la destinée allemande dans ses mains pures et fortes.

Adolf Hitler se leva.

Il parcourut tout le pays allemand comme héraut de la liberté et du droit, proclamant, stimulant, fouettant, le cœur enflammé comme s'il était lui-même la réincarnation de la conscience allemande.

Ce fut alors pour tous les Allemands impatients et inquiets comme si le phare de l'Allemagne profonde venait enfin de s'allumer. Le cœur allemand était retrouvé. Il attirait avec une force magique le sang allemand le plus noble, l'absorbait, le rejetait dans le peuple allemand en d'innombrables ruisseaux de force et de volonté. Les oppresseurs de l'Allemagne purent jeter les « *rebelles* » en prison, les exiler, les persécuter, les humilier, les offenser et les insulter, jamais ils ne purent les forcer à s'agenouiller. La semence sacrée de la volonté de liberté allemande était jetée dans cent, dans mille, dans cent milles cœurs ; contre tous et contre l'esclavage, les flammes de la révolte se propageaient, de ferme à ferme, de village à village, des montagnes à la mer, du Rhin jusque par-delà la Vistule ; elles déversaient une immense mer de feu de laquelle, purgée et purifiée l'Allemagne renaissait à sa dignité voulue par Dieu, « *Car Dieu ne veut pas voir que vivent des esclaves.* »

Adolf Hitler savait que son mouvement ne pourrait vaincre que s'il portait la bannière d'une idée constructrice plus nouvelle et plus grande, aussi lui donna-t-il la conception philosophique du national-socialisme dont le symbole sacré flotte aujourd'hui victorieusement sur l'Allemagne merveilleusement unie. La lutte pour la nouvelle Allemagne ne pouvait se faire sous le seul signe du nationalisme, il fallait exiger avec autant d'autorité la représentation du socialisme allemand. Si le berceau du national-socialisme se trouve à Munich, au cœur de la Bavière, ce n'est pas par coïncidence. Il était symbolique que le mouvement naquît de cette même Bavière qui s'abandonnait jadis si fortement aux tendances séparatistes et qui cherchait à échapper à l'unité du Reich ; le jeune national-socialisme a rempli sa première mission en tenant tête aux aspirations anti-allemandes et en faisant justement de la Bavière le rempart de l'idée allemande.

On a beaucoup écrit sur le programme national-socialiste, et on a dit davantage encore. Selon les besoins de la cause à défendre, on a utilisé la déformation, l'incompréhension, la calomnie et la mauvaise foi afin de faire passer ce programme pour réactionnaire extrémiste ou complètement bolchéviste. Mais à travers toutes les tempêtes, notre programme est resté inchangé ; immuable dans l'avenir, il restera la pierre angulaire du nouvel Reich.

Notre programme n'est rien en comparaison à ceux des partis de la classe bourgeoise. Quand on lit les innombrables programmes de partis créés en Allemagne ces quinze dernières années, il faut toujours reconnaître qu'il n'y est point question de principe moral ou spirituel, même s'il arrive qu'une phrase en fasse mention pour donner le change. Il s'agit toujours au contraire de représenter des intérêts matériels définis, ceux de la classe prolétarienne pour le socialisme ; presque exclusivement ceux de l'Église catholique universelle pour le parti du Centre ; ceux de la grande industrie, de l'artisanat, de l'agriculture ou des professions libérales pour les nombreux partis bourgeois. Ces programmes représentent dans tous les cas le matérialisme le plus pur. On a pu constater qu'à chaque nouvelle élection certains partis présentaient un nouveau programme en répudiant l'ancien sans pudeur. La première partie du programme était parfois contredite par la dernière. Le Centre catholique, au cours d'une élection, a même réussi à présenter deux programmes, l'un pour la bourgeoisie, l'autre pour l'ouvrier. Quand un nouveau groupe politique se constituait quelque part, le programme était la chose essentielle. On le définissait comme principe de base quand il s'agissait simplement d'enjolivements triviaux d'intérêts tactiques.

Cependant nous, nationaux-socialistes, nous demeurions fidèles à nos principes auxquels nous ne laissions jamais attenter. Nous étions, dans la tactique, toujours prêts à adopter la meilleure voie qu'exigeât chaque situation particulière. Les autres partis agissaient exactement au sens contraire. On s'y accrochait à la tactique, mais on était toujours prêt à fausser ou à sacrifier le principe. Il n'est pas impossible qu'en l'examinant de très près, notre programme semble, çà et là, manquer de clarté. Mais il ne faut pas oublier qu'il ne s'agit pas ici d'un programme politique, soigneusement élaboré, discuté et préparé durant des mois, pour être finalement soutenu comme une thèse philosophique et baptisé sous le parrainage de savants et de politiciens.

Sans artifice et sans raffinement, quelques hommes du peuple furent dans le programme national-socialiste les interprètes des aspirations profondes d'une masse qui lutte de nouveau pour sa renaissance.

Les points de notre programme sont des principes fondamentaux et des maximes destinés à nous guider dans notre travail de reconstruction d'une nouvelle Allemagne. On disait, pour citer un exemple, qu'il fallait imposer les bénéfices de guerre d'une surtaxe. Des malins s'emparèrent immédiatement de cette idée : ils disent qu'il n'y a plus aujourd'hui de bénéfices de guerre.

Certes, il ne s'agit pas ici d'une exigence à prendre à la lettre. Cela signifie que le sentiment moral du peuple a toujours refusé d'admettre qu'il fût permis à des individus de tirer de la misère commune un bénéfice particulier. Ce principe est spécialement dirigé contre ceux qui, exploitant la situation difficile de la nation, cherchent à obtenir sur les fournitures de guerre des bénéfices exorbitants pendant que sans bénéfice matériel et simplement pour servi sa patrie, l'humble camarade du peuple sacrifie son bien, sa famille et même sa vie. Il est aussi dirigé, par exemple contre ceux qui tentent de tirer profit d'une catastrophe naturelle pendant que les victimes de la même catastrophe ont à endurer une misère plus grande.

Résumé dans une très grande idée, il signifie que le sang du dernier camarade du peuple passe avant tout bénéfice matériel, et rien d'autre.

Comme le montre cet exemple, il serait possible de tout expliquer, principe par principe, dans un sens plus élevé. En regardant le programme comme nous l'avons senti, on reconnaît la force que contiennent ces maximes. On comprend aussi pourquoi le peuple avec son instinct a saisi notre programme, c'est-à-dire nos maximes, plus profondément et plus clairement qu'il n'essaya jamais de comprendre les autres. Le programme, malgré tout, ne fut jamais chez nous la chose décisive, c'est-à-dire le paragraphe, la lettre morte. Il est toujours au contraire le sens vivant qui, dans notre formidable lutte, nous insuffle la force et la passion.

Le Führer a dit une fois : « *Ce n'est pas parce qu'elle manquait de programme que l'Allemagne s'est ruinée, mais parce qu'elle en avait trop et trop peu d'hommes d'action.* »

Si le programme était la chose décisive, les démocrates avec leurs partis parlementaires seraient assis plus fermement que jamais sur le trône d'Allemagne.

Combien de fois ne m'a-t-on pas demandé : « *Oui, mais quel est votre programme ?* »

Et je pouvais montrer fièrement mes braves et simples S.A. en disant : « *Voilà les hérauts de notre programme, ils le portent sur leur front haut et libre, et ce programme s'appelle : l'Allemagne. Tous les principes susceptibles de servir l'ascension et de soutenir la position de l'Allemagne seront reconnus comme les seuls points de notre programme, tous ceux qui pourraient nuire à la patrie seront rejetés et détruits.* »

Les premières années parurent promettre peu au nouveau mouvement. Ce ne fut que lentement et peu à peu qu'il put se développer. Le parti demeurait limité presque uniquement à Munich et à l'Oberland Bavarois, et il avait commencé à prendre pied à Nuremberg et à Cobourg.

On riait d'Hitler et de ses partisans, on ne les prit pas au sérieux jusqu'à ce que commença soudain, à la fin de 1922, une ascension rapide. À cette époque déjà, quand Hitler parlait, les plus grandes salles s'emplissaient jusqu'à la dernière place. Les auditeurs écoutaient la nouvelle doctrine en retenant leur souffle, et ils tombaient absolument sous le charme magique de la personnalité d'Hitler. Mais le parti restait toujours confiné en Bavière. Hitler condamnait sans pitié la pernicieuse doctrine marxiste. Ses hommes et lui étaient décidés à tout. Partout, ses modestes mais convaincus S.A. s'opposaient aux rouges par-dessus tout. On allait tout droit dans les faubourgs miséreux, dans les forteresses les plus rouges, dans les meetings marxistes, et on entreprenait sans crainte de chaudes discussions avec les politiciens socialistes. Ce furent d'abord les anciens combattants et la jeunesse qui se rallièrent sous l'étendard d'Hitler.

L'année 1923 apporta l'inflation et, avec elle, la panique. Le parti populaire bavarois régnait alors en Bavière. C'était un parti du centre, de la classe moyenne. Il avait pour unique but de détacher de plus en plus la Bavière du Reich. Le socialisme régnait après comme avant à Berlin.

Le gouvernement bavarois crut pouvoir utiliser à son profit le jeune mouvement national-socialiste en le dressant contre le Berlin rouge.

Aussi ne s'opposa-t-il point à l'agitation hitlérienne.

Hitler devenait sans cesse d'autant plus résolu que la désagrégation devenait quotidiennement plus visible et que le parti ne cessait de grossir. De plus en plus les autres associations patriotiques étaient soumises à son influence et à sa direction.

LE VENDREDI NOIR
9 NOVEMBRE 1923

Le parti semblait en Bavière avoir atteint son apogée. Le parti gouvernemental bavarois, à la même époque, jugea qu'il était temps d'exploiter le mécontentement général contre le régime de Berlin en déclenchant une attaque qui devait faire sauter le Reich. Hitler, de son côté, était fermement résolu à s'y opposer et à exploiter pour son compte l'antipathie contre Berlin en Menant contre le gouvernement du Reich une attaque décisive. Les événements qui menèrent au prétendu coup d'État d'Hitler sont connus, ils élargiraient par trop le cadre de ce livre. Le 9 novembre 1923, cinquième anniversaire de la honteuse révolte de novembre, on décida de donner le coup décisif. Confiant dans les paroles solennelles de von Kahr, Lossow et Seisser (Gouvernement, Armée et Politique) Hitler proclama la nouvelle Allemagne dans la nuit du 8 au 9 novembre et déclara déchu le gouvernement du Reich. La marche sur Berlin devait commencer le lendemain. Nous savons aujourd'hui que Monsieur von Kahr, représentant des tendances catholiques de Wittelsbach, avait élaboré pour le 12 novembre un plan d'action tout différent. C'est ainsi que sans le savoir le mouvement sauva par son attaque l'unité du Reich.

Le 9 novembre, vers midi, les premières colonnes de la liberté qui marchaient sans armes en chantant avec enthousiasme tombaient à Munich, à la Fedherrnhalle, sous les balles de l'attaque traîtresse de la police.

Dix-huit hommes y sacrifièrent leur vie et beaucoup furent blessés. Le général Ludendorff marchait aux côtés d'Hitler, j'étais moi-même aux côtés du général comme officier commandant les troupes de choc des S.A. Hitler et Ludendorff furent épargnés par miracle tandis que je tombais gravement blessé de deux balles. Le crépitement des mitrailleuses avait brutalement et cruellement déchiré l'enthousiasme en assassinant l'espoir de la liberté. Cette fois encore, comme tant d'autres dans l'histoire allemande, la trahison avait mis la victoire en échec. À peine fleurissant, le jeune mouvement semblait anéanti, avec ses chefs en prison, blessés ou exilés. Aux faibles, découragés de nouveau, l'Allemagne parut définitivement perdue.

Mais on constata que ces sacrifices n'avaient pas été vains.

La semence du sang leva miraculeusement. Les combattants, actifs, resserrèrent plus que jamais leurs liens.

Hitler était lui-même plus fort, plus mûr, plus confiant que jamais alors qu'il était prisonnier dans la forteresse et que la situation semblait encore désespérée. À peine fut-il sorti qu'on peut voir combien la force attractive de ce prophète et de ce Führer était immense. À peine eut-il repris en main la bannière que les vieux combattants du parti se regroupèrent autour de lui et que des milliers d'adhérents nouveau se joignirent à lui. Ce n'était plus maintenant dans la seule Bavière, mais aussi en Allemagne du Nord que le mouvement avait pris pied. Le jeune mouvement était entré dans l'histoire du monde par sa marche sur la Fedherrnhalle, il avait pris la direction et la tête du combat commencé pour la liberté, l'honneur et la paix. Aucune autre organisation ne put à l'avenir lui disputer cette position. C'était un gouvernement des classes moyennes qui avait donné l'ordre d'abattre à la Fedherrnhalle les combattants du national-socialisme. La méfiance de beaucoup d'honnêtes ouvriers allemands envers le mouvement s'évanouit par ce fait même. Les partis de la classe moyenne ne pouvaient mentir plus longtemps au peuple, en lui faisant croire qu'ils représentaient l'aspiration nationale. Ils avaient découvert à la Fedherrnhalle leur véritable visage, c'est aussi là que le National-Socialisme avait définitivement arraché à la bourgeoisie sa conception déformée du nationalisme. De même, le mouvement ne toléra pas plus longtemps que les socialistes se proclament eux-mêmes les représentants du socialisme. Les classes moyennes avaient déformé la sublime conception du nationalisme, représentation des conditions vitales de tout le peuple, dont elles avaient fait une vantardise patriotique, généralement issue de l'alcool et du profit. Les socialistes, de même, avaient abaissé la pure conception du socialisme, exigence de droit individuel à l'existence et surtout service à la communauté populaire, en une vile conception de salaires et d'estomac.

Partagée en deux grands camps, l'Allemagne apposait d'un côté la classe moyenne et de l'autre le prolétariat. La classe moyenne, en tant que représentante du nationalisme, était haïe par les ouvriers comme symbole d'oppression et d'esclavage. Le prolétariat, représentant du socialisme, était haï et craint par la lâche bourgeoisie comme symbole de destruction et d'abolition de la propriété privée. Les deux semblaient s'exclure mutuellement, elles s'opposaient par de rigides contrastes. Par cela même elles étaient fautives, l'une vis-à-vis de la nation, l'autre vis-à-vis du peuple. Il n'y avait pas de pont entre elles, aucune entente n'était possible.

Hitler vit que l'union ne pourrait se faire tant que de telles conceptions déformées divisaient le peuple.

C'est pour cela qu'il arracha aux deux partis leurs symboles, qu'il les fondit en une synthèse nouvelle dans le creuset de notre conception du monde et qu'il créa ainsi le national-socialisme, unique et indissoluble union des deux conceptions dans leur plus profonde et leur plus belle signification. Il expliqua aux ouvriers qu'il ne peut y avoir de socialisme ni de justice socialistes qui ne soient prêts à reconnaître les besoins de la nation entière. Quiconque veut améliorer le sort de l'individu doit être prêt à améliorer celui de toute la nation.

Il convainquit en même temps la classe moyenne qu'elle ne pourrait réaliser l'union des forces nationales si elle n'était prête à accorder à chaque camarade du peuple les droits qui lui reviennent, si elle n'était prête à considérer le sort du plus pauvre camarade du peuple comme son intérêt propre. Il expliqua aux deux partis que nationalisme et socialisme se réclament l'un de l'autre sans jamais pouvoir s'exclure mutuellement et qu'en fondant en une seule philosophie les deux doctrines, leurs représentants réunis devaient logiquement aboutir à l'unité et à la solidarité nationale. Le plus grand mérite qui reviendra toujours à Adolf Hitler sera ainsi de ne pas avoir jeté de pont sur le gouffre qui séparait la bourgeoisie du prolétariat, mais d'avoir comblé ce gouffre en y jetant aussi bien le marxisme que le parti bourgeois, pour arriver à l'union nationale et à la solidarité du peuple par-dessus la destruction des classes et des partis.

LES TACTIQUES DE L'ÉGALITÉ

Mais c'est maintenant que commença la lutte la plus ardue et la plus difficile. Il s'agissait de transformer la tactique révolutionnaire et d'avancer selon une méthode légale. Hitler ne voulait pas exposer une seconde fois ses troupes aux hasards d'une bataille de rues, il voulait éviter une nouvelle rencontre entre ses partisans et la force armée, car il savait que cette dernière serait de cœur avec lui tant qu'elle serait représentée par la Reichswehr. Il était trop soldat lui-même, il aimait trop cette petite armée allemande pour l'exposer à ces terribles conflits de conscience. Il savait qu'un jour viendrait où la Reichswehr et les nationaux-socialistes se rangeraient ensemble pour la liberté de leur patrie, et il l'avait dit prophétiquement à Munich, dans sa défense, lors de son procès.

Hitler pouvait entreprendre cette transposition de tactique, et c'est le 9 novembre 1923 que cela lui fut possible, car on ne pouvait désormais l'accuser d'être trop lâche pour une action révolutionnaire. Le peuple ne pouvait plus lui reprocher de parler sans agir. Il avait fourni des preuves par ses actes en se portant lui-même à la tête de ses colonnes. Lui et ses subalternes s'étaient gardés d'imiter les démagogues marxistes et communistes, qui, excitant leurs partisans, les envoyaient aux barricades, cependant qu'ils demeuraient eux-mêmes prudemment dans leurs salles de rédaction ou leurs bureaux syndicaux, et qu'ils se contentaient pour leur part de verser de l'encre alors que leurs partisans versaient leur sang. Mais ce changement de tactique en une lutte légale n'était nullement une renonciation à une révolution.

Le mot révolution signifie dans le vocabulaire marxiste : troubles, combats de rue, pillage de boutiques et d'immeubles, assassinat, incendie, désordre et indiscipline. La révolution pour le national-socialiste est au contraire quelque chose de grand et de puissant : elle signifie l'anéantissement de ce qui est vieux, périmé et pourri, et la progression de forces nouvelles, jeunes et fortes.

Nous accomplissions continuellement la révolution.

Chacun de nos meetings, chacun de nos journaux, chacune de nos proclamations était une révolution dans le meilleur sens du mot car nous révolutionnions la pensée et le sentiment allemands. Nous luttions pour l'âme de chaque individu, et non point pour obtenir des voix aux élections. Des ouvriers, des paysans, des bourgeois, des savants, des représentants de toute classe, professions et confessions nous voulions avant tout refaire des Allemands. Nous parlions une langue enflammée dans des centaines de mille meetings, nous fouettions passionnément la sensibilité, nous activions l'esprit de nos auditeurs, nous martelions leur cerveau, nous leur gravions dans le cœur qu'ils n'avaient à être qu'une seule chose : Allemands ; qu'ils n'avaient qu'un seul devoir : l'Allemagne.

Un fluide extraordinaire émanait de ces meetings de masses. À l'origine, ils avaient lieu dans de petites auberges enfumées des faubourgs, ou dans les restaurants des quartiers pauvres, au milieu de la haine des ouvriers excités et en face d'agitateurs marxistes et communistes. De telles réunions s'achevaient souvent en bataille rangée dans le local, et il y eut fréquemment de nombreux blessés. Combien de fois aussi fûmes-nous repoussés et jetés à la porte par des adversaires plus nombreux ! Mais cela ne nous empêchait pas de revenir avec un courage toujours accru. Nous remontions sans cesse à l'assaut des forteresses rouges avec un nombre croissant de partisans : Les ouvriers eurent l'occasion de constater par eux-mêmes où se trouvaient la vérité et la force puisée dans une conviction inébranlable, de constater aussi où se trouvaient des chefs braves et où ils s'en trouvaient de lâches.

Des hommes de toutes classes, de toutes professions, de tous partis et de toutes situations vinrent à nous. Les plus grandes salles devinrent trop petites.

Quand un chef éminent du mouvement devait parler, les hommes faisaient la queue à l'entrée durant des heures avant l'ouverture. Leur enthousiasme allait jusqu'au délire quand le Führer prenait lui-même la parole. Des acclamations indescriptibles couvraient les sifflets et le désordre. Un amour infini se heurtait à une haine profonde comme l'abîme, une dévotion et une abnégation meutes affrontaient un égoïsme cruel et matérialiste. Nous marchions ainsi à travers le peuple, avec une sûreté infinie, en ayant devant les yeux notre but lumineux, mis au ban, calomniés, couverts d'opprobres, de railleries, objets d'une intense et indescriptible campagne de haine menée par les Juifs qui régnaient sur les journaux.

Le Juif avait généralement pris depuis longtemps la direction de la lutte contre nous, et c'est lui qui était l'animateur occulte de nos différents adversaires. Il apparaissait un jour comme réactionnaire, partisan des nationaux allemands ; nous le retrouvions le lendemain dans l'être doux, hypocrite et rusé du parti catholique du Centre ; d'autres fois enfin il s'identifiait au paisible bourgeois du Parti Populaire. Le Juif transpirait aussi sous le masque assouvi d'un politicien marxiste de la classe moyenne, il se retrouvait plus loin dans le visage défiguré par la haine du communiste des bas-fonds. Mais en dépit des différents aspects du masque, la face grimaçante qu'il cachait était toujours la même, celle d'Assuérus, le Juif éternel, creusant, agitant, et considérant n'importe quel moyen comme bon.

Le combat fut mené avec une grande colère et une grande exaspération. On percevait sur tous les fronts la force de nos attaques. Pour lutter contre nous, le clergé catholique romain s'allia aux libres-penseurs et aux athées. Les autorités nous suscitèrent chicane sur chicane.

Nous étions hors la loi.

Nous fûmes dégradés au rang d'hommes de seconde classe.

Nous fûmes privés de tous nos droits. Nos troupes de S.A. et notre jeunesse hitlérienne étaient à la merci de n'importe quelle brute communiste.

Une terreur sanguinaire régnait dans les rues des grandes villes. On menait un combat acharné dans l'arrière-cour des immeubles dans l'escalier des maisons grises des ouvriers, et dans les quartiers pauvres des grands centres.

Nos ennemis, toujours avec l'avantage du nombre, attaquaient et assassinaient lâchement nos hommes si courageux. Ce furent généralement des ouvriers allemands, dont nos troupes de S.A. étaient formées, qui trouvèrent la mort en défendant leurs convictions et leur patrie. La haine des socialistes et des communistes s'accrut d'autant plus qu'ils ne manquèrent pas de constater que le mouvement national-socialiste et particulièrement les S.A. étaient composés pour 70 %, de travailleurs manuels auxquels s'étaient joints des intellectuels, et non point de Messieurs distingués, des officiers retraités, des femmes hystériques et des profiteurs bourgeois.

L'officier se rangeait au côté de l'ouvrier, le paysan au côté du savant, sans distinction de naissance, de fortune, ni de classe sociale. Ils étaient tous animés par l'idéal sacré et tous fidèlement dévoués au Führer. La jeunesse venait maintenant en foule se ranger sous nos étendards ainsi que des vieux restés jeunes de cœur.

On disait que l'avenir nous appartenait parce que nous avions pour nous la jeunesse, mais nous pouvions répondre :

« *Non, c'est parce que l'avenir est à nous que la jeunesse vient à nous.* » Il me faudrait trop de place pour décrire ici eu détail cette merveilleuse époque. Nous étions poursuivis d'en haut par la terreur des autorités, d'en bas par la terreur communiste, du côté de la bourgeoisie par la terreur de sa lâcheté. Mais tout cela n'avait pour effet que de renforcer notre mouvement. Quand on eut enfin compris que les éléments étrangers au mouvement ne pourraient l'arrêter, on tenta de le désagréger dans son sein, en minant sa force.

Mais quand il arrivait par hasard que quelqu'un se laissât circonvenir, toute tentative échouait contre le mur d'airain de la fidélité, de l'amour et de la confiance.

LE FÜHRER

C'est alors que survinrent les premières élections, où nous envoyâmes douze députés au Reichstag. Nous ne connaissions à cette époque qu'un devoir : attaquer partout et toujours. Tels des brochets dans un étang de carpes, nous pourchassions les parlementaires repus dans leur repos contemplatif.

Le premier son de fanfare qui déclencha notre lutte retentit au milieu de débats plaisants, sans intention sérieuse, entre des discours plats, vides, insipides et emphatiques. Les partis se sentaient pris de malaise dès que montait à la tribune mi député national-socialiste. Il critiquait fortement la situation, les mots tombaient comme des coups de fouet sur le dos des coupables et le peuple était avec nous.

Notre cri de combat : «*Allemagne, «réveille-toi !*», secoua les retardataires.

On put constater aux élections suivantes une ascension vertigineuse. De douze sièges que nous avions au Reichstag, nous montâmes subitement à 107. Le monde retint son souffle pour prêter l'oreille. Les autres peuples commencèrent dès lors à compter avec le nouveau mouvement. On ne parlait plus d'une secte, on ne pouvait plus, comme autrefois, nous traiter de sectaires ou de fanatiques, il fallait considérer le fait accompli. Nous sommes certes, des fanatiques, car rien de grand ne se crée sans fanatisme. Sans ses zélateurs, où en serait resté le christianisme ?

Oui, pour l'amour de notre peuple nous étions fanatiques comme un fer chauffé à blanc.

Mais nous étions également fanatiques dans notre haine contre les destructeurs. Nos noms étaient de plus en plus connus comme ceux de combattants de la première heure et de lieutenants loyaux de notre Führer. Nous cessions d'être des personnalités privées ; la vie du foyer, la famille, tout était relégué au second plan. Nous n'appartenions plus désormais qu'au mouvement, et, par là même, à notre peuple et à la patrie.

Mais, au-dessus de nous tous il y avait notre Führer : Adolf Hitler.

Il n'existe probablement pas actuellement d'autre personne sur laquelle l'attention du monde entier se soit aussi intensément concentrée que sur celle de notre Führer. Il n'y a malgré cela, pas d'hommes dont le caractère soit aussi difficile à décrire que celui d'Adolf Hitler. Quiconque connaît les liens intimes qui unissent Hitler à ses hommes, comprendra que pour nous qui suivons ces principes, il possède dans leur plus haute perfection toutes les qualités que nous lui attribuons. On sait que le catholique romain est convaincu de l'infaillibilité du pape en matière religieuse et morale. C'est avec la même conviction profonde guenons, nationaux-socialistes, déclarons le Führer tout simplement infaillible en tout ce qui concerne les choses politiques, les intérêts sociaux et nationaux du peuple.

Mais en quoi consiste le secret de son influence sur ses partisans ?

Est-ce dans sa bonté, dans sa force de caractère ou dans son incomparable modestie ? Est-ce dans ce génie politique qui lui donne la faculté de sentir et de prévoir avec justesse la décision à prendre ; est-ce dans son magnifique courage, ou est-ce dans son extraordinaire fidélité à ses partisans ?

Malgré tout ce qu'on en dit, je crois qu'on en viendra toujours à conclure que cette influence n'est pas dans la somme de toutes ces vertus, mais dans quelque chose de mystique, d'inexplicable, de presque inconcevable, que possède cet homme unique. Quiconque ne le sent pas instinctivement, ne le comprendra jamais.

Car, si nous aimions Adolf Hitler, c'est parce que nous croyons profondément et inébranlablement qu'il nous est envoyé par Dieu pour sauver l'Allemagne.

C'est pour l'Allemagne une bénédiction qu'Hitler réunisse en lui au plus haut degré les rares qualités d'un penseur extrêmement logique, d'un philosophe profond et véritable et d'un homme d'action ferme comme l'airain. Les dons d'un génie combiné à la volonté d'action sont si rares ! Cette synthèse est complète chez Hitler.

Je suis à son côté depuis plus de dix ans, quotidiennement, Quand je l'ai vu et entendu pour la première fois, j'ai été à lui corps et âme. Ceux de mes camarades qui ont éprouvé le même bonheur sont innombrables. C'est avec un dévouement passionné que je m'engageai envers lui et avec aveuglement que je le suivis.

Je reçus, dans les mois passés, de nombreux titres et honneurs, mais aucun ne m'emplit d'une plus grande fierté que le titre qui me fut décerné par le peuple allemand : « *Le plus fidèle lieutenant de notre Führer.* »

Ces mots sont l'expression même de mes relations amicales avec mon Führer. Je l'ai suivi plus de dix ans avec une fidélité invariable, et c'est avec la même fidélité inconditionnée que je le suivrai jusqu'à la fin. Je sais d'ailleurs que mon Führer est plein du même sentiment sans mélange à mon égard. Je peux dire avec fierté que je possède sa confiance absolue et que cette confiance constitue la base de tout mon travail. Aussi longtemps qu'elle me sera accordée, advienne que voudra : surmenage, intrigues de l'extérieur ou de l'intérieur, tout glissera sur moi sans m'ébranler. Nos adversaires le savent. Aussi s'agitent-ils sans cesse en ce sens, follement et sans honte.

On peut lire quotidiennement dans un quelconque journal étranger que la lutte s'est encore envenimée entre Hitler et Göring, ou bien des nouvelles comme celle-ci : Hitler voulait faire emprisonner Göring, mais la police a refusé d'exécuter l'ordre ; ou Göring a tenté de renverser Hitler, mais le putsch a échoué. On s'efforce ; à démontrer que je suis plein d'envie, de suspicion et de jalousie, que je voudrais jouer moi-même le premier rôle, et que le Führer jalouse par ailleurs tout accroissement de ma puissance.

Quiconque est bien, informé de la situation en Allemagne sait que chacun de nous possède exactement la puissance que lui attribue le Führer. Seul est vraiment puissant et tient en main la puissance de l'État celui qui est avec le Führer ; quiconque agirait contre sa volonté, ou même sans son assentiment, serait au même instant complètement dépourvu de puissance. Celui que veut écarter le Führer disparaît sur un simple mot de sa part. Son prestige et son autorité sont sans borne, mais c'est peut-être parce qu'il possède une telle puissance et parce qu'il détient une si grande autorité qu'il n'en use pas.

Quand Hitler nomme quelqu'un à une fonction officielle, ce fonctionnaire ne sera jamais destitué s'il ne se montre absolument incompétent. Il y a des exemples fréquents où la générosité du Führer s'est montrée par l'oubli des fautes de ses subordonnés. Combien de fois a-t-il passé en souriant sur des fautes pour lesquelles on demandait la démission du coupable, en répondant : « *Chaque homme a son point faible qui lui fait commettre des fautes ; mais mon estime en premier lieu, va aux collaborateurs qui ont l'énergie de l'action, ils peuvent se tromper quelquefois, l'essentiel est qu'ils sachent agir au moment opportun. Il faut que chaque fonctionnaire, individuellement, soit dominé par le sentiment merveilleux et sûr qu'aucune intrigue, aucun bavardage, aucun scandale, aucune calomnie, ne peuvent lui nuire auprès du Führer.* » Adolf Hitler, dans sa pureté de caractère repousse tout cela et ne consent même pas à l'entendre. Adolf Hitler possède une telle grandeur humaine qu'il est incapable de jalouser l'habileté, le talent de ses collaborateurs, leur prestige auprès du peuple. Il est toujours heureux au contraire quand il trouve un nouveau collaborateur dont il puisse attendre d'exceptionnelles réalisations. Il appartient à sa qualité de Führer de placer où ils le méritent les hommes compétents.

Hitler ne veut pas de dictature personnelle.

Il ne veut pas trôner, solitaire, au dessus de ses collaborateurs. Il ne veut pas être craint par eux, et il méprise les flatteurs et les arrivistes. Depuis toujours, l'idéal d'Adolf Hitler, comme il l'a souvent souligné, est une union d'hommes résolus et capables, à la tête desquels il faut naturellement un chef. On a souvent évoqué, dans le même ordre d'idées, « *la table ronde du roi Arthur.* » Il n'est jamais nécessaire d'élire Adolf Hitler à une présidence de cabinet, à une chaire d'orateur, à une commission ou à une assemblée populaire. Il sera le Führer partout où il se trouvera. Son autorité domine tout naturellement et c'est par une sorte de miracle que ses hommes ne cessent de s'attacher à lui, qu'il s'agisse de ministres ou de simples S.A.

Son rare charme personnel séduit chacun. Il laisse à ses collaborateurs dans leur sphère, la plus grande liberté dans l'accomplissement de leur travail et de leur devoir. Il les laisse entièrement indépendants, et s'il lui faut intervenir de temps en temps, il le fait d'une telle façon que l'intéressé y consent de lui-même et bien loin de s'en trouver froissé, s'attache à lui plus fermement encore.

Les hommes qui entourent Adolf Hitler sont d'une nature combative. Ils ont grandi dans les combats de ces quinze dernières années, ils se sont endurcis par les lourdes peines qu'ils ont eu à supporter. C'étaient des hommes durs et lourds, mais complets, et chacun fournissait en son domaine le maximum, chacun était dominé par l'idée de servir sa patrie et son Führer. Il se peut que les opinions diffèrent sur des questions particulières, mais elles se rallient dans les grandes lignes, et ici encore, c'est la personnalité suprême du Führer et leur amour pour lui qui surent donner à tous ses hommes une seule volonté et un seul esprit.

Hitler a toujours eu l'ambition de choisir le meilleur homme pour chaque poste important ; il n'est jamais plus heureux qu'en constatant qu'il ne s'est pas trompé dans son choix. Qu'il y a déjà derrière nous de séances de cabinet, et quel travail en est sorti, combien de lois vitales en ont résulté ! C'était toujours une joie véritable que de faire partie de ces cabinets et de pouvoir collaborer avec les autres ministres. On ne fait pas ici de longues parlotes, on n'examine pas les points de vue des partis, ni les intérêts particuliers, il n'existe pas de conflits entre opinions inconciliables. Le bien du peuple plane seul au-dessus de tout. Jamais un membre du cabinet ne pourra oublier avec quelle clarté le Führer savait reconnaître la situation politique, avec quelle sûreté ses prédictions se sont toujours accomplies, avec quelle conviction il savait toujours résumer le plus important et l'essentiel de la discussion. Ces séances duraient souvent toute la nuit, séances d'un travail exténuant qui passaient, malgré cela, comme un songe, et l'intérêt en était soutenu jusqu'au bout.

Un volume ne suffirait pas à décrire Adolf Hitler tel qu'Il est, comment Il travaille et comment Il vit. La vie quotidienne du Führer est toujours changeante, toujours nouvelle, toujours passionnante. C'est avec admiration, avec émerveillement et avec amour, plein d'une fidélité et d'une confiance entières, que le peuple voit l'immense charge et la capacité de travail de son Führer. Les camarades du peuple veillent devant la façade de la chancellerie du Reich à chaque heure du jour et tard dans la nuit. Ils y sont retenus par la certitude que, derrière ces fenêtres, le Führer travaille pour le bien du peuple, pour eux-mêmes qui sont dehors et qui attendent. Un lien mystérieux les retient à leur place, et leur enthousiasme se déclenche quand ils croient avoir aperçu un instant le visage de leur Führer passer devant une fenêtre. Il en est de même aujourd'hui dans toute l'Allemagne où le Führer se montre aux foules innombrables car tous veulent le voir. Que les yeux brillent, surtout ceux de la jeunesse !

Comme les hommes, dans leur sincère reconnaissance, sont en extase ?

On croirait qu'un courant électrique parcourt les masses : *« Voici le Führer ! »*

Il en est partout de même, que ce soit au nord, au sud, à l'est ou à l'ouest de l'Allemagne, que ce soit en ville ou à la campagne, qu'il passe en voiture sur les champs de manœuvre, devant la Reichswehr en marche, qu'il parle devant des étudiants ou devant des industriels, ou qu'il aille se mêler aux ouvriers allemands dans les ateliers. C'est partout le même sentiment, partout cet enthousiasme inouï qui ne peut naître que de la confiance la plus complète, de la foi la plus profonde, de la reconnaissance la plus sincère. Le peuple allemand sait qu'il a de nouveau un Führer. Le peuple allemand a de la reconnaissance parce qu'un homme a enfin pris les rênes dans ses mains d'airain. Le peuple allemand respire de nouveau parce qu'un homme travaille à lui épargner la misère et les soucis et parce qu'il n'est plus obligé de se diriger lui-même.

La grande erreur du précédent système de libéralisme était de croire que le peuple désire se gouverner et se diriger lui-même. Le peuple veut au contraire être gouverné et dirigé. Pour prix de sa fidélité, le peuple, il est vrai, demande à ses dirigeants d'être pénétrés de ce sentiment sacré : vouer au profit et au bien du peuple tout leur travail et toute leur force.

Et le peuple allemand sait qu'Adolf Hitler est le Führer désiré et inspiré par Dieu.

Adolf Hitler en conversation avec Hermann Göring
21 septembre 1939, à Oksywie, Pologne

National Digital Archives, Pologne

La Marienplatz de Munich pendant le rassemblement.
Les premières colonnes de la liberté marchaient sans armes
en chantant avec enthousiasme...

9 novembre 1923, Munich

Bundesarchiv ~ Bild 119-1486

ADOLF HITLER
Discours devant la S.A. à Luitpoldhain pour le Reichsparteitag
4 août 1929

ADOLF HITLER
Visite de l'école S.A. Reichsfuhrer
15 juin 1931

Bundesarchiv ~ Bild 146-1972-061-28

ADOLF HITLER
Passage en revue les troupes du district de Klaipeda à Memel
23 mars 1939

National Digital Archives, Pologne

LE CABINET BRÜNING

L'année 1932 sera toujours considérée comme l'un des tournants les plus importants de l'histoire allemande. C'est en effet une année pleine d'événements saisissants, de grandes tensions et de puissantes controverses. La courbe de la vie allemande semble à son point le plus bas ; on est à bout dans tous les domaines. Un véritable Crépuscule des Dieux s'étend sur le parlement et sur les partis, présage de toutes sortes de calamités. On réalise enfin qu'un vent nouveau souffle sur le peuple. Les hommes de parti, troublés par le grondement des combats d'un peuple irrité, se réveillent enfin de leur profond sommeil parlementaire. Les événements politiques décisifs se succèdent rapidement. Une élection en suit une autre, une avalanche de meetings roule sans interruption sur le pays.

La N.S.D.A.P. attaquant d'un côté avec passion fouette et réveille les masses ; les communistes attaquant de l'autre côté avec la même passion résistent désespérément. Les autres partis, rouges ou noirs, de la classe moyenne, défendent depuis longtemps des positions sans espoir.

Les messieurs qui gouvernaient s'effrayèrent.

Mais il est reconnu que la peur rend bête, et cela devient visible aux proclamations du gouvernement dont chacune surpasse en bêtise la précédente. On croit encore avec de ridicules mesures d'interdiction pouvoir enrayer le puissant mouvement national-socialiste qui groupe des millions d'hommes. Le socialisme se trouve bien contre nous dans la campagne, mais il y a au premier rang les politiciens de la classe moyenne.

Ce sont maintenant Brüning et Gröner qui combattent le plus violemment contre le mouvement de la liberté.

L'ascète monastique, étranger au monde, le savant infiniment vaniteux, Brüning, et le général Gröner, démocrate en chapeau mou, se surpassent mutuellement dans leur haine contre le national-socialisme. Tous deux sont des mécontents, des politiciens froissés dans leurs mesquines ambitions ; ils ne connaissent rien, absolument rien, au bien-être du peuple et au drame qu'ils croient diriger, où ils sont en réalité des marionnettes. Nous assistons au spectacle du plus répugnant désaccord.

Mais tous les partis, si différents dans les questions positives, se soutiennent fortement sur les points négatifs par une peur panique du national-socialisme. Ceux qui se disputaient à l'instant même sur les appointements des fonctionnaires et l'augmentation des tarifs douaniers ou des impôts sur les chiens ne forment plus qu'un seul front de défense dès qu'il s'agit de maintenir Hitler loin du pouvoir.

C'est ainsi que les scènes se succèdent sur le théâtre politique.

Le cabinet Brüning No 1 tombe, on présente quelques semaines plus tard avec quelques changements le cabinet Brüning No 2. Qui, parmi ces messieurs, soupçonne à cette époque l'immense déception populaire ?

À la démission du premier cabinet Brüning, le peuple n'a plus qu'un espoir, celui de voir enfin son défenseur, Hitler, prendre le pouvoir.

L'espoir est déçu.

Mais le bateau de Brüning, au bout de quelques semaines, sombre définitivement.

L'espérance se ranime.

Les courriers font de nouveau la navette du palais de la présidence à l'Hôtel Kaiserhof[1].

---

1. (Je dois attirer ici l'attention sur l'excellent ouvrage du chef de la Presse du Reich ; Dr. Dietrich, « *Avec Hitler au pouvoir.* »)

Les palais de la chancellerie constituent le pôle négatif, et le Kaiserhof le pôle positif du système politique à haute tension. La décharge se produit le 13 août 1932, anéantissant de nouveau l'espoir de millions d'Allemands, les meilleurs. La tourmente, la détresse et la honte ne sont pas encore à leur fin. Mais le grondement du tonnerre est, après ces éclairs, plus puissant que les précédents. Les fondations s'ébranlent jusqu'en leurs profondeurs, et seule la volonté de fer d'Adolf Hitler empêche l'orage politique de se déchaîner en tempête de guerre civile

Le temps n'est pas encore venu pour Adolf Hitler.

Nous savions aujourd'hui que le mois d'août 1932 devait être, il nous faut même en remercier la providence. Que serait-il arrivé, en effet, si Hitler, acceptant les conditions posées, était entré dans le cabinet von Papen comme vice-chancelier ?

L'idée, pour ce gouvernement, de faire d'Adolf Hitler un vice-chancelier, démontrait son manque complet de compréhension psychologique. L'offre était purement et simplement une farce politique. On pouvait offrir à Hitler n'importe quoi ; ses qualités le rendaient apte à occuper n'importe quel position, mais toujours et uniquement comme chef, comme Premier homme. Le préfixe *«vice»* devant le nom d'Hitler était considéré par ses partisans comme inadmissible, et même comme une insulte. Le seul homme qui fût appelé par la destinée à sauver l'Allemagne avait subitement à accepter une position purement représentative, où il pouvait tout au plus mener un de ces habituels combats parlementaires et défendre comme orateur les péchés politiques des députés de la classe moyenne.

Il est nécessaire d'examiner d'abord, ici, les intentions d'un gouvernement de classe moyenne, disposé à prendre Adolf Hitler en son sein comme vice-chancelier. On pensait par-là obtenir deux choses : d'abord réduire au silence l'opposition tranchante et gênante des Nationaux-Socialistes, ensuite priver le national-socialisme de sa force politique, l'amener et l'écraser graduellement dans l'engrenage parlementaire.

Hitler aurait eu à supporter la responsabilité de l'incapacité et de la faiblesse politique de chaque cabinet de classe moyenne sans avoir la moindre influence sur ses directives. La catastrophe aurait bientôt suivi, car il eût fatalement perdu par-là la confiance de ses partisans ou il aurait dû démissionner au bout de quelques semaines. Le monde entier, alors, et, en Allemagne, tous les partis politiques se seraient réjouis et auraient déclaré :

> *« Voyez ce qu'est le Führer du National-Socialisme. En prenant comme homme d'État ses responsabilités, il n'a su démontrer qu'une chose : qu'Adolf Hitler est possible dans une opposition stérile, mais impossible dans l'action reconstructive. Quelques semaines de gouvernement ont démontré que le national-socialisme ne peut, non plus, se rendre maître de la situation. »*

Hitler, pourrait-on répliquer, aurait pu imposer sa volonté au cabinet. Nous savons aujourd'hui que c'eût été impossible. Comme par le passé, la Reichswehr aurait été conduite par le général von Schleicher, un homme qui ne fit rien d'autre au cours de sa vie politique que de torpiller et renverser ses prédécesseurs, et qui, plein de haine pour le national-socialisme, se serait fait une joie de détruire le mouvement. D'après le même plan, la police prussienne devait revenir à Gregor Strasser. Monsieur Strasser était, au fond de lui-même, encore plus opposé que Schleicher à Adolf Hitler, comme il devait le prouver quelques mois plus tard. Il était résolu à s'opposer à Hitler et à l'attaquer.

Il ne restait que la S.A. comme instrument de puissance.

Nous savons aujourd'hui que jamais ce cabinet de classe moyenne n'aurait toléré que la S.A. devienne le moindre facteur de puissance politique. Quiconque a vécu le début du gouvernement d'Hitler, surtout dans les cabinets des États, sait qu'on serait tombé ici sur une opposition insurmontable, d'autant plus que le système parlementaire ne devait pas être aboli, bien au contraire. Cette acceptation eût signifié la mort du parti. Il nous était possible de lutter dans l'opposition, à la manière parlementaire, mais jamais Adolf Hitler n'aurait pu prendre la direction du gouvernement selon le système parlementaire.

Il était absolument nécessaire à Hitler de refuser le pouvoir et cette nécessité était absolument prouvée. La tension était extrême dans le peuple. Tous désiraient le pouvoir pour Hitler et le poussaient à le prendre. Il y en eut qui se décourageaient dans nos propres rangs et qui pensèrent qu'Hitler eût mieux fait d'entrer dans le gouvernement. Ils croyaient qu'une tension prolongée n'était plus supportable, que les S.A. ne devaient pas souffrir plus longtemps les poursuites, le terrorisme et l'oppression. Mais le Führer était mieux informé. Il savait que le moral de ses S.A. demeurerait toujours tel que le sien propre, aussi résolu ou aussi désespéré. Il connaissait bien ses S.A.. Passé maître dans le jeu des forces politiques, il entreprit, là aussi, ce qu'il était juste d'entreprendre.

Le 13 août 1932, ce fut pour lui un merveilleux encouragement quand il entendit ce cri toujours renouvelé :

« Résiste, Führer ! résiste ! »

Le peuple avec son instinct pur avait justement évalué la situation. Le peuple voulait donner à son Führer tout ou rien. La lutte de 1932 continuait ainsi avec plus d'acharnement, plus vertigineusement s'il était possible. Nous avions mis en garde le chancelier von Papen et lui avions expliqué que mous étions forcés de l'attaquer, non point lui personnellement, mais la position qu'il voulait investir.

Nous ne cessions de lui expliquer qu'il n'y avait le dénouement possible qu'avec Hitler chancelier du Reich.

Il était concevable qu'Hitler devint seul chancelier, sans autres nationaux-socialistes dans le cabinet.

Mais il était inconcevable qu'un homme non national-socialiste fût chancelier, même avec tout un cabinet de nationaux-socialistes. Nous proclamions que quiconque s'opposerait à ce but serait attaqué avec la plus forte passion et que quiconque tirerait l'épée contre le national-socialisme serait écrasé dans un combat passionné.

LE CABINET VON PAPEN

C'est alors que commença le combat contre von Papen.

Nous l'avons regretté d'un point de vue humain car nous estimions von Papen comme patriote et comme homme ; mais d'un point de vue politique, le combat était une nécessité absolue. Le choc le plus fort se produisit à la première session décisive du Reichstag. C'est alors qu'eut lieu la scène connue, au cours de laquelle M. von Papen voulut dissoudre le Reichstag, cependant qu'en ma qualité de président de ce Reichstag, je faisais tous mes efforts pour l'en empêcher.

Ce n'était en apparence qu'un jeu de mots, une course contre la montre, en réalité, ce n'était pas autre chose que l'inébranlable volonté du national-socialisme d'atteindre son but. Il était sans importance, en fin de compte, de savoir où et comment il me remettrait la lettre du Président du Reich, mais nous y opposer de toutes nos forces était pour nous une question décisive. Le cabinet von Papen dut se retirer sous les acclamations déchaînées de nos partisans, et le Reichstag continua à siéger. Je savais très bien que cette séance n'était qu'un prétexte sans importance. Mais là aussi il était décisif que le combat eut lieu pour montrer clairement au peuple l'impossibilité de continuer ce jeu parlementaire. Comme il était prévu, von Papen tomba au bout de quelques mois. Il n'en pouvait être autrement, d'abord parce que von Schleicher, ministre de la Défense, n'était pour lui qu'en apparence. Les chanceliers qui avaient von Schleicher à leur côté devaient s'attendre à être, tôt ou tard, torpillés par lui. On faisait à cette époque, courir ce jeu de mots dans les cercles politiques :

« Le général von Schleicher devrait être amiral, car son génie militaire consistait surtout à torpiller ses amis politiques. »

Le peuple assista, une fois de plus,; au spectacle d'une crise gouvernementale, et, une fois de plus, la tension monta à son point culminant. Le même jeu de va et vient se renouvela encore entre le Kaiserhof et la Wilhelmstrasse. Hitler sera-t-il ou non chancelier ?

Nous vîmes une fois encore le concours de toutes les forces se réunir dans la même mauvaise foi et dans la même crainte de voir appeler Hitler. L'ambitieux général von Schleicher semblait toucher enfin au but de sa carrière politique : Chancelier et Ministre, réunis en une seule et même personne. Le prochain pas ne pouvait qu'aboutir à la dictature et à la toute puissance. Mais maintenant, le général ne pouvait plus tirer en secret les ficelles, il allait se trouver sur la scène politique comme figure principale dans la clarté des projecteurs de la vie publique, il allait être lui-même ballotté par les forces en conflit ; il s'y montra nettement inférieur à sa tâche. Peut-être se croyait-il lui-même un politicien rusé, mais il ne comprit jamais rien à l'esprit du peuple.

C'est en quoi, d'ailleurs, résida la grande différence entre les chefs d'après-guerre et Adolf Hitler. Ils connaissaient tous fort bien leur propre parti, leur club et leur association, mais ils ignoraient tous plus ou moins le peuple auquel ils demeuraient complètement étrangers. Hitler se trouvait au contraire de plein pied au milieu de son peuple. Il en était par là le seul représentant vraiment autorisé.

LE CABINET
VON SCHLEICHER

On peut dire que Schleicher fut parmi tous les chanceliers de l'après-guerre celui qui exerça le plus lamentablement sa fonction.

Schleicher croyait pouvoir se maintenir et régner en jouant une personnalité contre l'autre, en promettant beaucoup à chaque parti sans tenir aucune promesse. La seule idée absurde de vouloir s'appuyer sur les syndicats marxistes complètement effondrés montre sa parfaite incompréhension politique, aussi bien que son idée de mettre hors combat le parti national-socialiste par une scission en détachant d'Hitler quelques-uns de ses sous-chefs.

Un des hommes les plus puissants du mouvement jusque-là, Strasser, travailla avec Schleicher contre son Führer qu'il attaqua traîtreusement dans le dos, au moment de la bataille décisive, cinq minutes avant d'atteindre le but. Le Führer se trouvait dans un combat ardent, face à face avec Schleicher, maintenant, avec une volonté de fer et une intraitable détermination, son but : Exiger la charge de chancelier. Strasser, pendant ce temps, négociait avec Schleicher aux dépens d'Hitler, afin d'obtenir une place dans le cabinet. Strasser tenta de gagner d'autres sous-chefs de la N.S.D.A.P. à sa cause, afin de pouvoir exercer une pression sur le Führer et l'obliger à céder. Ces messieurs s'étaient splendidement montés la tête : Schleicher chancelier et ministre de la guerre, Strasser premier ministre de Prusse et vice-chancelier, Hitler devait être pensionné et écarté du pouvoir.

Hitler avait formellement interdit à ses collaborateurs de négocier en dehors des pourparlers. Représentant politique du parti à Berlin, je recevais moi-même à ce moment mes instructions quotidiennes clairement prescrites, de sorte que le Führer tenait fermement en mains les rênes des négociations. Ce fut le moment choisi par Strasser pour tourner l'interdiction et pour mettre légèrement le feu à la ferme construction de la N.S.D.A.P. Le mouvement peut tout pardonner sauf l'infidélité envers le Führer, l'indiscipline, la désobéissance et la trahison.

Un cri de colère s'éleva dès que fut connue l'action de Strasser et de Schleicher.

Les autres chefs, les fidèles et les partisans, se groupèrent plus fermement que jamais autour d'Adolf Hitler. La volonté de le suivre aveuglément dans une discipline de fer et d'exécuter chacun de ses ordres, ne fit que se raffermir. Les pourparlers furent arrêtés. Schleicher était chancelier, nous reprîmes contre lui, avec la même passion, la lutte déjà menée contre von Papen. Mais nous dûmes refuser à von Schleicher la sympathie personnelle que nous avions si largement accordée à son prédécesseur, car Schleicher, pour briser le mouvement, avait tenté d'y introduire l'infidélité.

Ce n'était pas jouer franc jeu.

Pour le peuple allemand, l'espoir d'être sauvé était anéanti pour la troisième fois.

On ne pouvait croire que ces périodes de tensions pussent passer sans explosion. Les pessimistes proclamaient partout que le parti perdait du terrain, qu'il ne supporterait pas ce troisième désappointement, que des militants commençaient à envoyer leur démission.

On poussa de nouveau Hitler à céder.

Mais ici aussi, Hitler résista, aux heures les plus lourdes de la politique intérieure. Il voyait clairement le but par-dessus tous les bruits et tous les caquets quotidiens. Il savait prophétiquement que ce but n'était plus éloigné.

Nous savons aujourd'hui qu'il faut remercier la providence de ce qu'Hitler ne devint pas chancelier dans ces jours de novembre et décembre. Car, selon la situation, il lui eût fallu, en sa qualité de chancelier, prendre le général von Schleicher comme ministre de la guerre. Suivant les circonstances aussi, Gregor Strasser dont la trahison n'était pas encore connue, fût devenu ministre de l'Intérieur. Les deux principaux instruments du pouvoir se fussent donc trouvés entre les mains d'hommes qui n'étaient pas en communion de cœur et de pensée avec Hitler et qui eussent préféré sa chute à son ascension. Le cabinet eut été hétérogène dès le début et il eût été impossible d'accomplir un travail d'ensemble harmonieux. Cela nous eût nécessairement conduit à des conflits difficiles dont personne n'eût pu prévoir l'issue.

Grâce à la volonté de fer et au merveilleux sens politique de notre Führer, cette tentation passa ainsi près de nous. Les attaques continuèrent. Les masses se jetèrent dans les meetings et les batailles électorales avec plus de chaleur. Le peuple ne fut pas seul à reconnaître l'incapacité et l'impossibilité du gouvernement Schleicher ; le vieux Maréchal Hindenbourg les reconnut avec lui. Ce dernier se sentit froissé de la manière avec laquelle Schleicher avait fait tomber von Papen, et aussi de la manière dont il gouvernait maintenant. La confiance du président du Reich était, malgré tout la seule base que possédât Schleicher comme politicien. C'est cette seule confiance qui lui avait permis de jouer son rôle, et il dut toujours s'en référer à l'autorité du vénérable Maréchal pour mener ses combats politiques.

Nous savions tous que si nous parvenions à éclairer le Président du Reich, ce dernier lui retirerait sa confiance. Schleicher aurait ainsi terminé sa carrière. Il ne se serait plus trouvé un seul homme pour le suivre au combat.

L'année 1932 s'achevait donc sous le signe de la plus haute passion politique qu'eût jamais éprouvée le peuple allemand, sous le signe d'une tension à peine supportable, sous le signe du plus grand combat à venir, car la plus dure partie de l'hiver se dressait devant nous. Quand on enterra 1932, l'Allemagne était au plus bas de sa courbe de souffrance. Le peuple allemand avait passé bien des situations sur son chemin du Golgotha. Le début de l'année suivante devait apporter l'anéantissement ou la renaissance. Tous les partis, tous les chefs politiques, toutes les associations et toutes les troupes avaient été expérimentés. On avait recherché et sorti des écuries les soi-disant meilleurs et derniers chevaux pour les faire courir.

Tous s'étaient abattus.

Tous les hommes, comme les partis, avaient fait faillite.

LA VICTOIRE

30 JANVIER 1933

Nous arrivâmes ainsi à janvier 1933. C'est le mois qui marquera l'une des dates les plus mémorables de l'histoire allemande.

On comprenait déjà clairement au milieu du mois qu'allait survenir la décision finale. On s'y employait fiévreusement de tous côtés. À partir du 20 janvier, en ma qualité de délégué politique, avec Seldte, Olaf des Casques d'acier, et Hugenberg, président des nationalistes allemands, je rencontrai. M. von Papen et le secrétaire d'état Meissner. Nous discutâmes chaque jour de la future organisation. Il était clair que nous ne pourrions atteindre notre but qu'en regroupant avec les nationaux-socialistes tout ce qui restait des forces nationales sous la direction exclusive d'Adolf Hitler.

On constata alors que M. von Papen, que nous avions dû combattre autrefois pour des divergences politiques, avait reconnu l'importance du moment. Il s'allia avec nous avec une cordiale sincérité et se fit le médiateur honnête entre le vieux Maréchal et le jeune caporal de la grande guerre. Seldte, sans hésiter, jeta son Casque d'acier dans la balance nationale-socialiste et se mit loyalement, fidèlement et ferment derrière Adolf Hitler. L'entente avec les nationaux allemands fut plus difficile car ils restaient encore trop attachés à leur système de parti. Il était clair, je l'ai souvent répété à Hugenberg dans les premières semaines, qu'il était grandement temps de dissoudre le parti national allemand pour qu'il put se confondre avec le national-socialisme en un fleuve immense.

Mais il fallait arriver à une entente si ou ne voulait pas que tout fût anéanti. Le Président du Reich était disposé à appeler Adolf Hitler si l'union des forces nationales était assurée dans ce but. La difficulté de cette union consistait en ce qu'il y avait d'un côté le national-socialisme dont le parti était supérieur en nombre et en puissance, de l'autre les chefs du parti de la classe moyenne qui demandaient le pouvoir en s'appuyant sur leur passé parlementaire, bien qu'ils ne fussent pas de taille à se mesurer avec l'importance et les nécessités de l'heure. Mais la principale difficulté venait de ce qu'Adolf Hitler exigeait comme condition *sine qua non* qu'on fît de nouvelles élections immédiatement après la formation du Cabinet. Les nationaux allemands s'y opposaient passionnément, voyant fort bien que la roue de l'Histoire passerait plus ou moins sur eux, sachant que les forces immenses du national-socialisme doubleraient, tripleraient, surtout si venait s'y ajouter l'auréole de la prise du pouvoir.

L'union eut enfin lieu.

Le samedi 28 janvier 1933, je pus annoncer au Führer que l'œuvre était accomplie dans ses plans essentiels et qu'on pouvait définitivement compter sur sa nomination à la chancellerie. Mais nos déceptions passées avaient été si fortes qu'on n'osait maintenant encore en parler, ni se confier à ses plus intimes amis. Il arriva donc que le parti et le public tout entier furent surpris par la nomination d'Adolf Hitler le 30 janvier 1933. Dans la nuit du 29 au 30 janvier, il fallait encore compter avec les possibilités de toutes sortes d'intrigues de la part de l'ancien cabinet. Il sembla même à un moment que Schleicher ne voulait pas quitter le terrain sans lutte. Mais pour lui la bataille était déjà perdue sans espoir.

Tout était fixé.

Le lundi 30 janvier, à 11 heures du matin, Adolf Hitler était nommé chancelier par le président du Reich. Sept minutes plus tard, le cabinet était formé et les ministres avaient prêté serment. Les formations de cabinets, jusque-là, avaient duré des semaines, quelquefois des mois. Cette fois-ci, tout fut réglé en un quart d'heure. Le cabinet commença son travail sur ces paroles du vieux Maréchal : «*Et maintenant, Messieurs, en avant avec Dieu.* »

Je ne pourrai jamais oublier le moment où, faisant la navette entre la Kaiserhof et la Wilhemstrasse comme représentant d'Hitler au cours de l'année passée, m'apprêtant à monter dans ma voiture, je pus annoncer le premier à la foule anxieuse : « *Hitler est devenu chancelier.* » Les poitrines retinrent d'abord leur souffle, puis, comme une tempête, elles exhalèrent un seul cri de joie. La foule se dispersa ensuite dans une course vertigineuse. On vit des garçons, des hommes, et même des femmes, courir pour transmettre et propager cet heureux message que l'Allemagne était sauvée.

Il m'est impossible de vous décrire les sentiments qui nous emplirent la poitrine quand nous fûmes de nouveau réunis dans les salons de Kaiserhof. Que la destinée, enfin, avait merveilleusement tourné, et comme le vieux Maréchal, en s'opposant à la nomination d'Hitler le 13 août 1932 et dans les journées de novembre, avait été l'instrument de la main divine ! Et il l'avait nommé maintenant, au moment opportun et décisif.

La première séance du cabinet était annoncée pour 5 heures de l'après-midi. Un sentiment solennel nous saisit quand Hitler prit pour la première fois la parole en qualité de chancelier du Reich, exposa notre but en termes merveilleux et montra les tâches qui nous attendaient.

Les cloches sonnaient, au même instant, dans les rues de la capitale, dans toutes les villes du Reich et dans les villages.

Dans l'ivresse de leur grand enthousiasme, les hommes se réjouissaient, s'embrassaient entre eux, étaient heureux. On rencontrait partout des colonnes qui marchaient en chantant dans les rues. L'annonce retentit soudain qu'une retraite aux flambeaux aurait lieu le soir même en l'honneur de Hitler et de Hindenbourg. Cette nouvelle se propagea plus vite qu'une étincelle. La foule accourut de tous les districts, de tous les faubourgs de Berlin. S.A., S.S., Casques d'Acier et ligues patriotiques se rangèrent en colonnes compactes aux différents points du rassemblement. Ils allumèrent leurs torches et se dirigèrent vers le palais du Président du Reich, en une procession de remerciements comme jamais encore on n'en avait vu dans la capitale.

Là, à sa fenêtre illuminée, se trouvait le digne et vieux Maréchal, qui regardait ému et heureux, cette profession de foi d'un peuple libéré qui venait de retrouver le bonheur. À quelques maisons plus loin, silencieux, se tenait près de sa fenêtre, l'homme à qui s'adressaient maintenant les remerciements du peuple entier, l'homme qui n'avait jamais faibli dans la lutte pénible et incessante et qui avait toujours tenu ferme la bannière quand d'autres chancelaient, l'homme qui était toujours resté fidèle à son peuple dans le bonheur comme dans le malheur, le Führer du peuple allemand, son chancelier Adolf Hitler.

Ainsi se déroulait la nuit mémorable, au cours de laquelle naquit la Nouvelle Liberté Allemande.

Dès la prise du pouvoir et au cours des élections des 5 et 12 mars 1933, la révolution s'est de plus en plus fortement développée et imposée, lentement, sans motif visible. Les ministres non nationaux-socialistes durent se rendre à la raison. Ils se rendirent compte, en effet, qu'on ne pouvait plus rien achever par des réformes ordinaires parce qu'un peuple entier s'était mis en action. Le peuple voulait sentir et constater à des signes extérieurs qu'il était devenu libre et qu'une nouvelle ère se levait. Pour mener ce combat de libération, le peuple n'avait vu flotter que la bannière à croix gammée comme symbole visible. Il était logique durant cette révolution de hisser cet insigne de combat sur les monuments publics. Le Maréchal Hindenbourg qui reconnut la vaste signification de la révolution, ordonna que la croix gammée avec le drapeau noir, blanc, rouge restassent les emblèmes officiels du Reich. Nous le remercions doublement ici de cette sage décision.

La nouvelle orientation commença désormais dans toutes les sphères. Et d'abord la réorganisation et la recréation de la bureaucratie prussienne. La nouvelle loi me donna d'abord le pouvoir de limoger les fonctionnaires qui ne donnaient pas la garantie d'être aptes à la reconstruction du nouvel État par leur mentalité et leur caractère.

Mais cette nouvelle loi me donna aussi la possibilité de purger la bureaucratie de l'influence excessive exercée par les Juifs.

MES TÂCHES

À la formation du nouveau cabinet du Reich, le Führer m'appela. J'étais déjà président du Reichstag allemand avant ma nomination de ministre du Reich, et, en ma qualité de membre du cabinet, je devais conserver mon ancien poste.

Mais le Führer me confia avant tout le ministère prussien de l'Intérieur, avec ordre de détruire et d'écraser le communisme dans le plus grand pays de l'empire. Il désirait me voir exterminer ce parti traître et destructeur, et remplacer dans l'administration officielle l'idée corruptrice du marxisme bourgeois par l'austère philosophie nationale-socialiste.

Le gouvernement marxiste du socialiste Braun régnait encore en Prusse sur le papier et *de jure*, cependant depuis le 12 juin, ce gouvernement était en réalité destitué *de facto* par l'ancien chancelier von Papen et n'avait plus aucun pouvoir. Il ne s'en arrogeait pas moins le titre de gouvernement « souverain » de Prusse, et il se vanta de ce titre jusqu'à la fin dans tout son ridicule.

Je devins donc en même temps ministre de l'Intérieur de Prusse et ministre du Reich. Une tâche immense se dressait devant moi. Le ministère de l'Intérieur prussien était depuis longtemps l'un des plus puissants du Reich et des États. C'est de là que Severing et Grzesinski purent mener leur jeu politique et organiser la terreur contre la N.S.D.A.P. Ce fut un motif tout particulier de satisfaction pour chaque national-socialiste et surtout pour le simple S.A. que ce ministère revînt aux mains d'un vieux combattant du mouvement. Car c'est de là qu'étaient partis la persécution et les tourments, tous les ordres et décrets pour les supprimer, les ordres de poursuites brutales contre les défenseurs de la liberté. Or maintenant, le premier février 1933, la victorieuse swastika fut hissée au mât principal du ministère de l'Intérieur prussien, sous les applaudissements frénétiques d'une foule de milliers et de milliers d'hommes, devant une garde d'honneur de police, de S.S. et de Casques d'Acier, avec accompagnement de la marche prussienne de cérémonie !

a) Réorganisation de la Police

J'avais pris une lourde responsabilité et un immense champ de travail s'étendait devant moi. Je compris que je ne pouvais utiliser que très peu de ce qui existait déjà et que la majeure partie était à rejeter.

J'estimai qu'il était pour moi de la plus haute importance d'avoir bien en main la police criminelle et la police politique, instruments de puissance. C'est là que j'entrepris en premier lieu l'épuration du personnel.

Je déplaçai 22 chefs de police sur les 32 qui existaient, des centaines d'inspecteurs et des milliers de sergents prirent le même chemin au cours des mois suivants. Des hommes nouveaux furent engagés, qui venaient tous du grand réservoir des troupes de S.A. et de S.S. Ma tâche était d'insuffler à la police un esprit entièrement nouveau. Son rôle était jusqu'ici de servir de bouc émissaire à la république qui l'employait comme instrument de contrainte et qui s'en servait aussi pour décharger les chefs de toute responsabilité sur le dos des petits fonctionnaires, des chefs se trouvant trop lâches pour couvrir au besoin leurs subordonnés. Tout cela maintenant était changé, l'autorité se trouvait à sa vraie place. Au bout de quelques semaines on pouvait déjà constater un changement dans la tenue de la police devenue plus assurée et plus confiante. Des fonctionnaires aigris devenaient peu à peu des officiers et des sergents de valeur. Ils n'avaient pas reçu d'entraînement militaire, mais ils étaient éduqués par les traditionnelles vertus du soldat. On exigeait d'eux la dévotion au devoir, la loyauté, l'obéissance et surtout l'abnégation au service de l'État national-socialiste et de la nouvelle Allemagne De jeunes officiers éprouvés, qui ne s'étaient pas laissés soumettre par la république au cours des années passées, furent promus à des places qui réclamaient un titulaire qui n'eût pas peur des responsabilités.

Une troupe particulière, la division de police Wecke, fut sélectionnée et équipée avec les meilleures armes permises. Elle formait ainsi l'avant-garde de la nouvelle police. L'ambition des autres escouades en fut stimulée, car elles voulurent prouver qu'elles étaient tout aussi capables de discipline et tout aussi qualifiées pour démontrer que la renaissance du sentiment de l'honneur était un fait accompli.

J'interdis le port du bâton aux officiers et inspecteurs et, plus tard, à toute la police officielle. Mon sentiment d'officier n'admettait pas que la police intervînt auprès du public en frappant avec un bâton. Un officier de police a le devoir de n'intervenir qu'en cas d'extrême nécessité et seulement en cas de vie et de mort. Il ne peut employer alors que le revolver, et ne tirer que pour protéger l'État ou le peuple.

Quand un policier, jusqu'alors, faisait usage de son revolver dans un cas de légitime défense, il encourait généralement les conséquences d'un procès criminel qui le laissait humilié et puni. Il ne faut donc pas s'étonner si cette police manquait de hardiesse et de courage à intervenir, et si elle utilisait avec colère le bâton quand elle savait qu'il n'y avait aucun danger à le faire. La police du régime Severing savait parfaitement que nos hommes, n'étant pas armés ne pouvaient tirer sur elle, aussi avait-elle l'audace de les frapper. Il en allait tout autrement avec les communistes. Il lui fallait tenir compte du fait que ceux-ci attaquaient à coups de revolver, comme elle en avait fait l'expérience plus d'une fois des officiers et des policiers avaient été abattus. Mais le gouvernement ne faisait rien pour les protéger. Les communistes, « enfants politiques » de M. Severing, étaient toujours défendus par leurs amis rouges.

Cela changea de fond en comble.

Je donnai des ordres très stricts et j'exigeai de la police qu'elle se vouât de toute son énergie, sans pitié, à l'extermination des éléments subversifs. À Dortmund, à l'un de mes premiers meetings, je déclarai qu'un seul homme porterait à l'avenir la responsabilité en Prusse, et que cet homme ce serait moi. Quiconque sévit sévèrement contre les ennemis de l'État, quiconque use de son revolver s'il est attaqué, peut être assuré de ma protection. Mais celui qui fuit lâchement les explications, qui ne veut pas avoir vu, qui hésite à faire usage de ses armes, doit être certain que je me passerai immédiatement de ses services.

Je déclarai à des milliers de camarades du peuple que chaque balle qui sortirait d'un canon de revolver de policier serait ma balle. Si on qualifie cela d'assassinat, c'est moi qui suis le meurtrier, car l'ordre vient de moi. Je couvre l'acte de ma personne et je ne crains pas d'en prendre la responsabilité. Aujourd'hui, celui qui voit la police prussienne est incapable de reconnaître en elle la même police que celle de M. Severing. Le noyau, en effet, était excellent.

En quelques mois, il me fut possible de faire de la police criminelle prussienne un instrument donnant à l'État un réel sentiment de sécurité, et à la police criminelle elle-même le fier sentiment d'être la première et la plus forte arme de l'État. Le sens de l'honneur chez les officiers et les hommes fut accru par le changement d'uniforme, qui de laid devint élégant, et par la création de drapeaux d'escouade. Le nouveau serment d'obéissance et de fidélité était devenu pour eux un devoir sacré.

b) Organisation de la Police secrète d'État

L'état des choses était pire dans la police politique. Il y avait presque exclusivement ici des hommes de confiance du parti socialiste, des créatures à la solde de M. Severing. Ces hommes composaient le groupement de la division I.A., si mal famée, dont je ne pouvais me servir dans une telle situation. Les pires éléments avaient déjà été expurgés par mon prédécesseur, Bracht, mais il me fallait maintenant faire table rase et m'occuper personnellement durant des semaines de la réorganisation.

Je créai finalement de ma seule initiative le « Département de la Police secrète d'État. » C'est l'instrument si redouté des ennemis de l'État qui obtint dès l'abord ce résultat qu'il ne put plus être question d'un danger communiste ou marxiste en Allemagne comme en Prusse.

Je pris au département de la police secrète d'État les fonctionnaires les plus capables, sans considération d'ancienneté. Je les plaçai sous les ordres d'un jeune fonctionnaire, l'un des plus doués peut-être que j'ai eus. Aujourd'hui encore, je suis plus que jamais convaincu d'avoir su choisir les hommes qu'il fallait. L'œuvre de Diels et de ses hommes restera toujours une page glorieuse dans l'histoire de cette première année de la renaissance allemande. J'étais aidé très activement par les S.S. et les S.A. Jamais, sans leur dévouement et leur concours, je n'aurais pu si vite me rendre maître des ennemis de l'État.

Aujourd'hui j'ai de nouveau réorganisé la police secrète en la soumettant directement à mon commandement. Avec Berlin pour quartier général, et un réseau de ramifications dans la province, je suis chaque jour — on pourrait presque dire chaque heure — renseigné sur tout ce qui se passe dans le grand État prussien. Les derniers refuges des communistes nous sont connus. Ils peuvent encore changer souvent de tactique et changer les noms de leur courrier, ils sont traqués de nouveau quelques jours plus tard, repérés, filés et arrêtés.

Il fallait procéder inhumainement contre ces ennemis de l'État.

Il ne faut pas oublier qu'au moment des élections au Reichstag, il y avait encore officiellement dans le Reich six millions de communistes et huit millions de socialistes marxistes. Ces hommes n'étaient, certes, pas tous des ennemis de l'État. La majeure partie, des millions d'entre eux étaient de braves Allemands induits en erreur par le fantôme de cette folle philosophie et trompés aussi par le manque de tenue et la lâcheté de la classe moyenne. Il n'était que plus urgent de sauver ces âmes de l'erreur et de les ramener au sein de la communauté du peuple allemand, Il n'était que plus nécessaire de sévir contre les séducteurs, les agitateurs et les chefs eux-mêmes.

Les camps de concentration furent créés à cet effet.

Des milliers de fonctionnaires des partis communiste et socialiste y furent envoyés d'abord. Il va sans dire qu'on a commis naturellement au début des excès ; il arriva qu'on punit un innocent, qu'on alla jusqu'à frapper des gens, çà et là, et qu'on commit des excès de brutalité. Mais en considérant la grandeur du moment et tout ce qui l'avait précédé, on peut dire que la révolution allemande pour la Liberté a été la moins sanglante de l'histoire et la plus disciplinée.

c) La destruction du marxisme et du communisme

Chaque révolution s'accompagne de certains symptômes indésirables et désagréables. Mais on n'a pas le droit de s'agiter, de travailler contre eux quand ils sont peu visibles et quand le but de la révolution a été pleinement atteint, comme ce fut le cas pour la dernière.

Je rejette donc loin de moi le flot des plus infâmes et des plus abjectes calomnies, de ces histoires de cruauté, que propagent des créatures sans honneur et sans patrie, réfugiées à l'étranger. Les Juifs d'Allemagne en propageant ces calomnies ont mieux prouvé que toutes nos attaques et que tous nos discours combien était justifiée notre action défensive contre eux.

Le Juif était ici dans son élément, il pouvait inventer, composer ses récits de cruautés, encore une fois, parce qu'au loin, à l'étranger, il pouvait sans danger vider à flots toute la sanie de son esprit corrupteur sur le peuple et le pays qui lui avaient offert l'hospitalité durant des décades. Si le peuple allemand les place donc au même niveau, les Juifs peuvent en remercier leurs frères de race, et envoyer leurs protestations à toutes les organisations juives de l'étranger qui se sont si fortement distinguées dans la campagne des atrocités.

Les Juifs avaient pris dans chaque profession une place démesurée par rapport à leur nombre.

Ils étaient partout les maîtres de la haute finance.

Ils étaient usuriers et corrupteurs sur une vaste échelle.

Ils exploitaient et suçaient le sang de l'Allemagne dans ses veines.

C'est à eux qu'incombe le crime de l'inflation, ils ont étranglé et anéanti leur hôte allemand, économiquement plus faible. Notre chef d'accusation contre les Juifs repose sur le fait qu'ils fournissent en premier lieu des chefs marxistes et communistes, qu'ils occupent les rédactions de journaux à scandales, subversifs et diffamatoires. Ils s'en servaient pour couvrir de leur venin et de leur haine tout ce qui nous a toujours paru sacré, à nous, Allemands. Dans leur cynisme, ils déformaient et ridiculisaient les mots « allemand » et « national », et les conceptions d'honneur, de liberté, de mariage et de fidélité.

Quoi d'étonnant si le peuple allemand fut finalement saisi d'une sainte colère, s'il en eut assez, de laisser jouer plus longtemps à ces parasites, à ces oppresseurs le rôle de maîtres. Seul celui qui a observé les Juifs dans leurs activités en Allemagne et qui connaît leur conduite, peut reconnaître et comprendre qu'il en devait finir ainsi.

La question juive n'est pas encore complètement résolue.

Jusqu'à présent ce qui s'est passé n'était que légitime défense du peuple. C'était une réaction contre la destruction, la ruine et le procédé corrupteur de la race juive. À ce point de vue, la révolution a été parfaitement ordonnée ; sans effusion de sang, elle a détruit ce qui était vieux et pourri en aidant à naître ce qui était nouveau et pur.

La police secrète avait beaucoup contribué au succès de cette révolution.

Elle aida aussi à consolider nos conquêtes.

Le grand incendie qui devait détruire la haute coupole et la salle du Reichstag éclata au milieu de ce travail de reconstruction.

Le feu a été allumé par des mains criminelles.

On avait mis le feu au Reichstag allemand pour donner au communisme moribond, par ce signal, l'ordre d'une dernière attaque désespérée avant que le gouvernement ne fût installé. Le feu était pour le parti communiste le signal de l'établissement de la terreur, de la révolte générale et de la guerre civile. Si cet incendie n'eut pas les résultats attendus, ce ne fut pas grâce aux nobles motifs communistes, mais bien à Adolf Hitler et à ses compagnons de combat dont la force et la volonté de fer repoussèrent l'ennemi du premier coup et l'anéantirent une fois pour toutes, plus vite qu'il ne l'avait calculé et plus durement qu'il ne l'avait soupçonné.

Quand je donnai l'ordre d'arrêter 4.000 fonctionnaires communistes dans la nuit, je savais que le communisme, à l'aube, aurait perdu une grande bataille. Mais nous avions pour devoir d'informer le peuple du grand danger qui l'avait menacé. Il était possible de voir ainsi le fond des plus secrètes intentions du communisme, de ses organisations et de ses buts.

Nous pouvions voir maintenant quels moyens criminels et peu scrupuleux ces créatures inhumaines avaient l'intention d'employer afin de détruire un peuple brave et un fier Empire. Il m'a été reproché d'avoir publié, comme ordres communistes de guerre civile, de vieilles instructions. Pense-t-on réellement qu'un ordre soit moins dangereux parce qu'il est donné depuis des années ? Pense-t-on réellement que l'incendie du Reichstag comportât des circonstances atténuantes pour avoir été arrêté par les communistes dans un plan conçu plusieurs années à l'avance. Quand si souvent aujourd'hui des politiciens bourgeois me demandent si cet acte défensif à outrance était d'une réelle nécessité, je ne peux que répondre avec étonnement et avec mépris :

> « *Oui, lâche bourgeois de la classe moyenne, si vous n'avez plus rien à craindre aujourd'hui du danger communiste, si vous êtes passés à côté de la terreur et si vous avez échappé à l'horreur de la révolution communiste, ce n'est point parce que vous existiez, vous et vos pareils, mais bien parce qu'il y avait eu des hommes pour reconnaître le danger et l'écarter tandis que vous vous pavaniez en dilettantes dans les salons bolchévistes.* »

Quand on me reproche d'autre part d'avoir fait moi-même mettre le feu au Reichstag pour avoir sous la main un prétexte contre le communisme, je ne peux que repousser l'accusation comme grotesque et ridicule. Je n'avais pas besoin de preuves particulières pour sévir contre le communisme. Le bilan de leur compte était si chargé, leurs crimes si épouvantables, que j'avais déjà pris la décision de commencer la guerre contre cette peste par tous les moyens dont je disposais. Cet incendie du Reichstag, comme je l'ai dit au procès, m'était plutôt désagréable, au contraire, car il me forçait à agir plus tôt que je n'aurais voulu, et à entrer en campagne avant d'avoir terminé mon plan de combat. Il est hors de doute pour moi que le parti communiste avait inspiré l'incendiaire et élaboré son plan. Il dut y avoir plusieurs exécutants. Le plus bête et le plus malhabile d'entre eux se laissa prendre. Mais les personnages essentiels n'étaient pas ici les incendiaires. Les vrais criminels envers le peuple allemand, les destructeurs de la culture allemande, sont les pères spirituels de cette tragédie et ses animateurs secrets.

d) Premier ministre de Prusse

Il devint bientôt absolument nécessaire que je prisse la charge de premier ministre à côté de celle de ministre de l'Intérieur de Prusse. Je n'occupai cette position que pour accomplir la tâche que je m'étais assigné, soit :; exterminer les idées subversives, écarter les partis de la classe moyenne, établir un ordre nouveau. C'est pourquoi je tranchai la ridicule question de gouvernement « souverain » de Prusse. Je décidai donc M. von Papen, comme il avait été convenu par ailleurs entre nous, à démissionner de son poste de premier ministre de Prusse afin que le Führer puisse m'investir à sa place. Il ne m'était possible de mener à bonne fin les réformes nécessaires qu'en renforçant ma position de ministre de l'Intérieur de Prusse par l'autorité de celle de président des ministres du même État.

Cette position était maintenant beaucoup plus importante, plus décisive et plus forte que par le passé où ce n'était qu'une figure parlementaire uniquement bonne à donner des directives politiques générales. Elle prenait maintenant une autorité sans restrictions. J'étais responsable de tout ce qui se passait dans l'État prussien depuis que le chancelier avait fait passer la loi nommant un « *Stadthalter* » — ou président du ministère de Prusse — en m'en conférant les droits Ce fut par un télégramme particulièrement chaleureux de mon Führer, lors de mon séjour à Rome, que je reçus ma nomination :

> « *A dater de ce jour — 10 avril — je vous nomme président du ministère de Prusse. Je vous prie de bien vouloir entrer en fonctions le 20 avril à Berlin. Je suis heureux de pouvoir vous donner ici cette preuve de ma gratitude pour les services rendus au peuple allemand depuis dix ans au cours desquels vous avez combattu dans notre mouvement pour la régénération de l'Allemagne. Je vous remercie également d'avoir mené à bien la révolution nationale en qualité de commissaire du ministère de Prusse. Je vous remercie par-dessus tout de la fidélité avec laquelle vous avez uni votre destin au mien.* »

Hitler en me nommant avait voulu prouver sa confiance en moi. Je tenais en main la destinée de la Prusse et j'avais conscience que j'étais capable de prendre part, de ce poste si important pour le Reich, à l'immense œuvre reconstructrice d'Adolf Hitler. La Prusse avait depuis toujours une mission et une responsabilité qui dépassaient le pays proprement dit : la solution de la question allemande. Les lois prussiennes prédominaient souvent dans les autres pays allemands sous la souveraineté du Reich nouvellement créé et de son chancelier. Aussi tenais-je à appliquer au plus vite en Prusse nos principes nationaux-socialistes. Cela devint possible avec la création de l'État totalitaire, c'est-à-dire par la victoire décisive de la N.S.D.A.P. qui restait la seule et unique organisation politique en Allemagne et par les pleins pouvoirs que je reçus de mon Führer. C'est avec joie que je pris la responsabilité de transformer la Prusse pourrie par le mauvais gouvernement marxiste en un nouvel État inspiré des traditions de Frédéric le Grand.

La Diète fut immédiatement abolie et je la remplaçai par le Conseil d'État prussien. J'appelai pour constituer ce Conseil d'État des hommes qui s'étaient distingués dans le parti ou dans la S.A. par leur haute position ou par des capacités particulières en différents domaines. Leur tâche consistait à m'aider de leurs avis, à étudier des projets de lois, à m'apporter des suggestions, et à maintenir les relations vitales entre le gouvernement et le peuple.

Mais le Conseil d'État n'a pas d'autre activité. Il ne peut prendre de décisions et de responsabilités. Le président des ministres porte seul cette responsabilité et aucune commission ne peut l'en relever. Le principe de direction était introduit dans sa forme la plus pure et exécuté au même instant, en contact étroit avec le peuple. Nous pouvions dire fièrement que nous avons accompli un travail réellement grand, surtout quand il s'agissait de reconstruire dans tous les domaines.

Les premières semaines, j'étais debout chaque nuit dans mon cabinet de travail du ministère de l'Intérieur de Prusse, jusqu'à deux, trois et quatre heures. Je déménageai plus tard, pour le ministère d'État. Des domaines spéciaux furent encore placés sous ma direction ; par exemple, les théâtres de l'État et de la ville, qui étaient complètement ruinés et qu'il fallait réorganiser entièrement. Ce fut un travail qui coûta beaucoup de temps et qui demanda des nerfs solides. J'ai toujours porté aux Eaux et Forêts un très grand intérêt. J'étais inspecteur des plus grandes forêts d'Allemagne, celles de l'État prussien. Là aussi j'ai voulu frayer de nouveaux chemins et je créai, sous mon contrôle direct, les lois et les bases nécessaires.

C'était vraiment à une vie remplie et active que le Führer

m'avait appelé. J'étais président du Reichstag, président du ministère prussien, ministre de l'Intérieur prussien, au surplus, national-socialiste actif, je continuais à tenir des meetings pour conserver le contact avec le peuple. Les tâches furent souvent accablantes, mais elles donnaient de la force et me stimulaient extrêmement. Mais ce qui me dominait, c'était le bonheur de servir la Patrie à l'une des places les plus importantes, d'être soutenu par la merveilleuse confiance du Führer, et, ce qu'il y a de plus beau peut-être pour un homme, d'être appelé à réorganiser et à développer une activité créatrice.

e) L'Aviation

C'est certainement en ma qualité d'ancien aviateur que me fut encore confié un autre champ de travail. Le Chancelier comprit clairement que l'aviation civile avait une grande importance. Aussi la détacha-t-il du ministère des transports en créant un nouveau ministère de l'air, indépendant, à la tête duquel le Führer me plaça. Il me chargea de veiller à ce que le transport aérien allemand devînt le meilleur et le plus sûr du monde, à ce que le commerce aérien allemand prenne une importance nouvelle, et, avant tout, à ce que l'aviation allemande, brimée par le traité de Versailles, reprenne sa place dans les cadres de l'aviation sportive.

Ce qui existait déjà ne valait pas grand-chose. Sauf quelques avions de commerce modernes, c'étaient en général de vieux modèles. Il s'agissait donc, ici aussi, de se sacrifier à sa tâche de toutes ses forces.

Il me semblait absolument nécessaire de persuader les autres puissances que l'Allemagne devait pour le moins avoir droit à une flotte défensive. Entourée de puissances armées à outrance, l'Allemagne était absolument sans défense, ne possédant aucun avion de chasse, aucune machine d'observation, et se trouvait à la merci des autres puissances. On avait bien laissé à l'Allemagne une petite marine et une petite force pour la défense du pays. Mais que signifie la défense horizontale et marine d'un pays quand l'adversaire pense l'attaquer verticalement ? Aucun soldat français, aucun bateau de guerre n'aurait besoin de marcher contre l'Allemagne ; les forces aériennes militaires de France, de Pologne, de Belgique, de Tchécoslovaquie et d'autres pays pourraient sans aucun risque survoler l'Allemagne, détruire au moyen de bombes des villes et des villages allemands en pleine prospérité, mutiler et tuer des innocents.

Où demeure alors l'égalité des droits ?

Où demeure seulement le moindre droit de défense ?

Où demeurent encore les dernières traces de la morale des peuples, de la conscience internationale et de la civilisation européenne dont on a tant parlé ?

Jamais en aucun stade de toutes les conférences, nous n'avons exigé d'avions d'attaques ou de machines de bombardement. Nous ne voulions que nous défendre, avoir des machines de défense contre toute attaque aérienne, des avions de chasse contre les escadres de bombardement ennemis.

Pourquoi nous le refusait-on ?

Si, comme on le prétendait, on n'avait pas d'intentions agressives contre l'Allemagne, pourquoi lui refuser une défense ?

Pourquoi fallait-il que l'Allemagne ne possédât aucun canon anti-aérien ?

Il était naturel de soupçonner qu'on avait l'intention de tomber à un moment donné sur l'Allemagne sans risque et sans danger, en attaquant par en haut. Il faut éclairer le monde sur ce fait que la petite armée et la petite flotte accordées à la grande Allemagne pour sa sécurité n'étaient qu'un bluff tant que la ligne verticale restait à découvert et indéfendable. Il était donc de mon devoir d'élever la voix pour obtenir l'égalité des droits et de la sécurité pour l'Allemagne.

RECONSTRUCTION
D'UNE NATION

Hitler règne depuis dix mois sur l'Allemagne.
Que de grandes choses ont été faites en si peu de temps !
Que d'événements se sont passés !

On réussit en quelques mois ce qui, avions-nous cru, demandait des années. C'est l'ascension dans tous les domaines. On avance partout :

Le paysan allemand qui se trouvait encore sans droits il y a quelques mois et qui était menacé journellement de quitter sa ferme et son foyer, est solidement réinstallé sur la terre héréditaire. Sa terre n'est plus une marchandise ; arrachée aux mains des usuriers, elle est redevenue inviolable et sacrée.

Nous avons entrepris avec succès une immense campagne contre le chômage. Près de 7 millions de chômeurs regardaient Adolf Hitler avec des yeux pleins de désespoir. Aujourd'hui, au bout de dix mois, près de la moitié a retrouvé du pain et du travail.

C'est vraiment là une réalisation unique et inouïe d'Adolf Hitler. La confiance générale s'est réveillée. Elle soutient surtout le renouveau du travail. Le gouvernement la stimule aussi.

Des milliers de kilomètres d'autostrades nouveaux sont projetés, et leur construction est déjà commencée. De nouveaux canaux seront créés, l'impôt sur l'automobile est aboli, le taux des assurances baisse, et des milliers et des milliers de voitures vont être construites.

L'impôt sur le loyer a été utilement employé pour la création de chantiers. Les assurances sociales, complètement corrompues, presque anéanties, ont été remplacées par une loi qui les renflouait, les sauvait, et les remettait en activité sur un plan plus large.

Les théâtres, les films, la musique et les journaux ont été expurgés de tout esprit juif et de son influence subversive. Une nouvelle floraison a commencé dans tous les domaines de la vie culturelle. La philosophie nationale-socialiste fait une seule et même chose du mouvement et de l'État. Le parti et les S.A. sont entrés dans le gouvernement et assurent ainsi continuellement son développement.

Mais la close la plus importante, la plus belle et la plus haute qu'ait faite Hitler, c'est d'avoir réalisé ce qui semblait impossible : il a fait un peuple uni d'un peuple aux classes et partis variés et désunis. Ce qui jusqu'à présent dans l'histoire allemande n'était qu'un rêve est devenu une réalité.

Sur 42 millions d'hommes qui ont le droit de vote, 40 millions se sont ralliés à l'unité, ce qui constitue un événement miraculeux, une magnifique récolte de ce qu'a jadis semé Adolf Hitler. Le 12 novembre 1933 demeurera toujours l'un des plus glorieux jours de l'histoire allemande.

Hitler prononça tout récemment ces inoubliables paroles :

« Le 12 novembre n'a pas seulement prouvé que 40 millions d'Allemands ne font qu'un avec le gouvernement, il n'a pas seulement prouvé que l'immense majorité de l'Allemagne couvre la politique de son gouvernement, le 12 novembre a d'abord démontré que l'Allemagne est redevenue honorable. »

Le 12 novembre a prouvé qu'Hitler a raison en répétant depuis toujours :

« Le noyau du peuple allemand est sain. Je crois en mon peuple et mon peuple montrera un jour au monde qu'il s'est ressaisi et qu'il Ose relève. »

Le 12 novembre a justifié cette confiance placée par Adolf Hitler en son peuple.

La faiblesse et l'Impuissance du Reich à l'extérieur étaient les conséquences naturelles de la politique intérieure catastrophique des siècles passés, On constatait ici aussi que la politique intérieure d'un peuple influence toujours sa politique extérieure, ce qui tend à prouver la prédominance de la politique intérieure. Car il est impossible à un peuple de se manifester extérieurement par des décisions héroïques quand on lui a enlevé ses vertus nationales, et quand on l'a laissé se vautrer dans la lâcheté.

La république d'ailleurs était née de la haute-trahison.

Il était donc naturel que la haute trahison continuât en sacrifiant les droits vitaux de la nation. Cela n'empêchait nullement le système passé de se vanter de ses succès en politique extérieure. On constate qu'Adolf Hitler anéantit en quelques semaines tous ces faux succès et, en très peu de temps, il ne resta qu'un tas de cendres de cette politique extérieure.

On se réjouit intérieurement, dans les premiers mois de l'année, quand l'Allemagne se trouva de plus en plus isolée. On démontra qu'Hitler s'était attiré l'hostilité de toutes les nations, on oubliait au surplus que cette hostilité envers l'Allemagne s'était toujours manifestée dans les dernières décennies, de la part de tous les États ennemis d'autrefois.

Le cercle de fer existait toujours.

Mais le système de gouvernement passé avait su, ici encore, tromper son propre peuple en lui laissant croire à une bienveillance inexistante des autres halions à l'égard de l'Allemagne. L'Allemagne n'avait jamais été, à Genève, autre chose que l'enfant martyr des autres nations. Les accords ne se faisaient qu'à ses dépens. Le plus petit État sud-américain jouait à Genève un rôle moins misérable que celui de la grande puissance, l'Allemagne. Certes, quand Hitler prit le pouvoir, toutes les forces semblèrent subitement unies pour anéantir notre politique extérieure.

Les émigrés eurent leur rôle dans l'infâme campagne de calomnie.

Les anciens chefs socialistes appelèrent à une intervention armée contre l'Allemagne. Ils laissaient enfin tomber le masque, et l'ouvrier allemand se trouvait maintenant à même de reconnaître quelles canailles — le mot est ici bien trop doux avaient été les maîtres de sa destinée dans la décade passée. Les émigrés se montrèrent si ignobles qu'oubliant la patrie ils aimaient mieux la voir à feu et à sang sous l'occupation française et polonaise que se voir chassés de leur sinécure. Une campagne unilatérale de haine s'éleva dans la presse au moyen de nouvelles mensongères sans cesse renouvelées. Elle porta à l'extrême la température des nations qui nous entourent.

L'Allemagne apparaissait subitement comme la perturbatrice de la paix européenne, comme une menace pour le monde au moment où, complètement désarmée, elle luttait contre sa misère, enfin comme un danger pour la France, pour une France armée comme jamais encore une nation ne l'avait été dans l'histoire du monde.

POUR L'ÉGALITÉ DES DROITS, L'HONNEUR ET LA PAIX

Mais à ce moment, Adolf Hitler montra qu'il n'était pas seulement celui qui avant stimulé la politique intérieure allemande.

Il montra au monde, pour la première fois, qu'il était aussi en politique extérieure un homme d'État de premier ordre. Dans cette atmosphère d'orage, il fit entendre devant le Reichstag allemand son fameux discours de paix. Le monde attendait fiévreusement cet après-midi ce qu'allait déclarer le nouveau chancelier si souvent calomnié, le farouche militariste qu'on lui représentait.

Or, il parla de la profonde aspiration pacifique du peuple allemand, de sa pauvreté terrible et de sa détresse, et comment pour en sortir il fallait bander toutes ses forces. Il parla aussi de sa lutte contre les influences subversives et le chômage. Enfin il déclara solennellement à la face du monde que personne en Allemagne, qu'aucun homme d'État allemand ne pensait à attaquer quelque pays que ce soit, que la nouvelle Allemagne au contraire voulait collaborer avec ses voisins dans un esprit de sincérité mutuelle.

Puis il parla encore avec une éloquence ardente et éclatante de la renaissance du sentiment de l'honneur allemand et du désir, pour l'Allemagne d'être maîtresse de sa destinée. Il démontra encore combien le sacrifice consenti par l'Allemagne à la paix européenne était grand et il affirma qu'elle était prête à en consentir de nouveaux mais que jamais elle n'abandonnerait l'honneur national, chose que la couardise et la lâcheté ne peuvent acheter, chose dont un peuple qui veut vivre libre a plus besoin que d'air.

Nos ennemis furent déçus et pleins de rage en voyant tout leur tissu de mensonges réduit à néant en quelques heures par un maître discours.

Mais dans d'autres pays, ceux qui désiraient réellement la paix, recommencèrent à respirer librement. Ils comprenaient qu'on ne peut imposer à un peuple comme les Allemands ce qu'eux-mêmes jugent insupportable. La menace d'orage parut d'abord écartée. Mais les ennemis reprirent fiévreusement leur travail afin d'accentuer démesurément les difficultés de l'Allemagne au sein de la Société des Nations, et d'entraîner le peuple allemand dans les plus lourds conflits. On avait, à la Conférence du désarmement, depuis longtemps déplacé les responsabilités. C'est à peine si on discutait le désarmement des puissances surarmées. Les propositions en ce sens n'étaient pas considérées sérieusement.

On se concentrait, ici aussi, exclusivement sur l'Allemagne. Le pays le plus désarmé, le plus faible militairement, devait continuer à désarmer. On voulait de nouveau marquer l'Allemagne devant le monde comme la perturbatrice de la paix européenne. On voulut lui imposer des conditions infiniment blessantes afin d'humilier le régime hitlérien devant son propre peuple et au dehors. Les politiciens genevois étaient plus rusés que nos diplomates, ils s'arrangèrent toujours pour présenter l'Allemagne comme obstinée et intraitable.

Ce fut soudain comme une bombe : ils déclarèrent hypocritement que l'égalité accordée, fût-ce même théoriquement, à l'Allemagne de Schleicher, n'était plus applicable à l'Allemagne de Hitler.

On vit alors clairement où ils voulaient en venir. Nous, Allemands, nous comprîmes ce qui allait se passer à la Conférence du désarmement à Genève. Les seules choses pour lesquelles nous ne pouvions marchander étaient en jeu : notre honneur, et la question de l'égalité des nations.

Après mûre réflexion et après un sérieux examen de conscience, Hitler prit la seule décision possible. Il accomplit ce geste hardi de mettre hors-jeu ces intrigues en déclarant que l'Allemagne démissionnait de la Conférence et de la Société des Nations. La presse répondit par un nouveau cri de rage à cette grande et habile réaction de l'Allemagne.

Comment Hitler pouvait-il se permettre d'échapper à l'encerclement projeté ?

Comment l'Allemagne osait-elle enfreindre les règles du jeu génevois où c'était toujours elle le perdant ?

La Société des Nations comprit enfin qu'elle avait devant elle un adversaire de premier plan.

Hitler s'était libéré lui-même d'un encerclement oppresseur et insupportable. L'Allemagne avait repris sa liberté d'action après avoir eu durant 15 ans une politique extérieure léthargique. Elle cessait pour la première fois de n'être que l'enclume et faisait entendre à son tour les coups de marteau d'une politique extérieure active.

En entrant dans le pacte à quatre, constitution brillante du véritablement grand homme d'État Mussolini, l'Allemagne était prête à s'associer à toutes les conférences ou constructions politiques qui serviraient honnêtement la paix.

Dans le même temps où elle quittait Genève, l'Allemagne commença sa dernière campagne électorale. Il n'y avait plus, cette fois-ci, de frontière à l'intérieur. C'était bien une nation unie, prête à se défendre comme un seul homme et ce fut comme un seul homme qu'elle demanda qu'on lui reconnût des droits égaux, et qu'elle combattit pour son honneur contre tous les pays étrangers hostiles.

Le peuple allemand montra au monde qu'il était sincèrement résolu à aider sincèrement et de toutes ses forces toute politique de paix. Mais il montra aussi qu'en traitant avec lui, il fallait lui accorder la même estime, les mêmes droits et les mêmes honneurs que réclamaient pour elles les autres nations.

Le peuple allemand se rangea résolument, presque jusqu'au dernier homme et jusqu'à la dernière femme, derrière son Führer et sa politique d'honneur et de paix. L'Allemagne, à l'avenir, n'offensera et n'humiliera aucune nation, mais elle ne veut en aucun cas que les autres nations l'offensent ou l'humilient.

Puissent les autres nations faire en sorte que le Führer de l'Allemagne soit le premier garant de la paix européenne ! La tâche entreprise par Hitler, sa lutte à l'intérieur, n'est pas, en effet, d'une portée purement allemande. La mission d'Hitler a une importance historique mondiale. En entreprenant en Allemagne la destruction du communisme, il a dressé également un rempart pour les autres nations européennes. Souvent déjà dans l'histoire mondiale, l'Allemagne a prouvé que la décision des plus puissants combats spirituels s'était résolue sur son territoire.

Nous avions la conviction sacrée que dans cet immense combat entre le communisme et le national-socialisme, le ferment de désagrégation aurait pénétré les autres nations par le truchement de l'Allemagne si elle était devenue communiste. Le jour viendra où les autres peuples comprendront. La France, l'Angleterre et les autres nations seront reconnaissantes à Adolf Hitler de s'être trouvé en Allemagne à l'un des moments les plus critiques.

La grande lutte d'où devait sortir l'avenir, aussi bien pour l'Allemagne que pour l'Europe et pour le monde entier, était la lutte décisive entre la swastika et l'étoile soviétique. Si l'étoile soviétique avait triomphé, l'Allemagne aurait sombré dans la terreur sanglante du communisme et l'Occident l'aurait suivie dans l'abîme. Le terrible danger a été détourné par la victoire de la croix gammée et nous en remercions Dieu.

Il a été donné à l'Allemagne de se relever, une fois de plus, et à nous de créer une Allemagne saine.

L'Allemagne est et demeure le cœur de l'Europe, et l'Europe ne peut vivre saine et pacifique que si son cœur est sain et intact. Le peuple allemand s'est relevé et l'Allemagne veut redevenir grande.

Nous avons pour cela un garant, Adolf Hitler, chancelier du peuple allemand, protecteur de son honneur et de sa liberté.

TABLE DES MATIÈRES

Note de l'éditeur 7
L'héritage de l'Allemagne 9
La guerre 13
La rébellion 16
Versailles 21
Weimar 23
Finis Germaniæ ? 28
Adolf Hitler 31
Le vendredi noir 9 novembre 1923 37
Les tactiques de l'égalité 41
Le Führer 46
Le cabinet Brüning 56
Le cabinet von Papen 62
Le cabinet von Schleicher 64
La victoire 30 janvier 1933 68
Mes Tâches 73
  a) Réorganisation de la Police 74
  b) Organisation de la Police secrète d'État 76
  c) La destruction du marxisme et du communisme .. 78
  d) Premier ministre de Prusse 81
  e) L'Aviation 84
Reconstruction d'une Nation 86
Pour l'égalité des droits, l'Honneur et la Paix 90

Lisez aussi

ÉDITION ORIGINALE
NON CENSURÉE

———◆◇◆———

— *LA FOUDRE ET LE SOLEIL* —

Nouvelle traduction

— Perfection intemporelle et évolution cyclique —

— La Foudre (Genghis Khan) —

— Le Soleil (Akhenaton) —

— À la fois Soleil et Foudre (Adolf Hitler) —

— Épilogue (Kalki, le Vengeur) —

———◆◇◆———

Ce livre, — commencé en Écosse au printemps 1948 et écrit, de temps à autre, en Allemagne entre cette date et 1956, — est le résultat de méditations de toute une vie sur l'Histoire et les religions, ainsi que de l'expression d'aspirations et d'une échelle de valeurs morales qui était déjà la mienne avant la Première Guerre Mondiale.

Il pourrait être décrit comme une réponse personnelle aux événements de 1945 et des années suivantes. Et je sais que beaucoup de gens ne l'aimeront pas. Mais je ne l'ai pas écrit dans un but autre que celui de présenter une conception de l'Histoire — ancienne et moderne — inattaquable du point de vue de la Vérité éternelle. Je me suis donc efforcée d'étudier à la fois les hommes et les faits à la lumière de cette idée de la succession des Âges, de la Perfection intacte au chaos inévitable, qui ne se rapporte pas seulement à "l'Hindouisme", mais à toutes les formes de la Tradition Unique, universelle, — les Hindous étant (peut-être) cependant ceux qui ont conservé un peu plus de cette Tradition que les gens moins conservateurs.

Publication 19 septembre 2020
Format 152 x 229 x 24mm, 476 pages, 755 g
ISBN-13 : 9781648586682

Pour compléter ses connaissances

ÉDITION ORIGINALE
NON CENSURÉE

---◦---

À la Vieille Garde berlinoise du Parti.

Ouvrage destiné à expliquer l'histoire du N.S.D.A.P. berlinois entre le 9 novembre 1926, au moment où Goebbels, chef du parti dans la Ruhr, arrive à Berlin pour reprendre en main le parti, et le 29 octobre 1927, date qui marque la levée de l'interdiction du parti nazi prononcée plusieurs semaines auparavant.

---◦---

Dans l'histoire des mouvements révolutionnaires, la lutte pour la capitale constitue toujours un chapitre particulier. La capitale est une valeur en soi. Elle représente le centre de toutes les forces politiques, économiques et culturelles du pays. A partir de ce centre, son rayonnement atteint la province, et pas une ville, pas un village n'y échappent.

Berlin est quelque chose d'unique en Allemagne. Sa population ne se compose pas, comme celle d'une ville quelconque, d'une masse uniforme, repliée sur elle-même, et homogène. Le Berlinois : c'est le produit d'un substrat berlinois de toujours, complété par des apports de toutes les provinces, régions et groupes sociaux, professionnels et religieux.

Il est vrai que Berlin n'est pas, tel Paris pour la France, un facteur prépondérant et novateur en tout pour l'ensemble de l'Allemagne. Mais on ne peut concevoir ce pays sans Berlin.

Publication 2 décembre 2018
Format 152 x 229 x 24mm, 247 pages, 350 g
ISBN-13 : 9781648580277

- THE-SAVOISIEN.COM
- PDFARCHIVE.INFO
- VIVAEUROPA.INFO
- FREEPDF.INFO
- ARYANALIBRIS.COM
- ALDEBARANVIDEO.TV
- HISTOIREEBOOK.COM
- BALDEREXLIBRIS.COM

Librairie Excommuniée Numérique CULUS (CUrieux de Lire des Usuels)

www.ingramcontent.com/pod-product-compliance
Lightning Source LLC
LaVergne TN
LVHW091603060526
838200LV00036B/979